Doppel-Klick 10 Mittelschule Bayern

Arbeitsheft Deutsch 10

Lösungen

Seite 4

2 b. *Folgende Antwort könntest du aufgeschrieben haben:*
In dem Text geht es vermutlich darum, dass russische Forscher in der Antarktis erfolgreich einen großen See unter dem Eis angebohrt haben.

Seite 5

3 b. *Folgende Wörter und Wortgruppen könntest du aufgeschrieben haben:*
Das russische Forschungsschiff, Antarktis-Expedition, riesigen subglazialen See, zwischen minus 38 und minus 46 Grad, Wostoksee, fast vier Kilometer unter dem Eispanzer, Bohrung, des 250 Kilometer langen und 50 Kilometer breiten Gewässers, Erfolgsmeldung, faszinierende Geheimnisse, Mikroorganismen, in der frostigen, stickstoff- und sauerstoffreichen Umgebung, Konsequenzen einer Entdeckung, umstritten, Verunreinigung des Sees

Seite 7

5 *Diese Schlüsselwörter könntest du aufgeschrieben haben:*
Absatz 1: Party, „Akademik Fjodorow", russische Forschungsschiff, Küste der Antarktis, Forscherteam, Wissenschaftlern der 57. Antarktis-Expedition, riesigen subglazialen See anzubohren, Antarktis-Station „Wostok", zwischen minus 38 und minus 46 Grad, Polarnacht unerbittlich, Wostoksee, fast vier Kilometer unter dem Eispanzer der Ostantarktis, Jahrelang, mit der Bohrung, geplagt

Absatz 2: Wostok, erste See, unter dem Eispanzer der Antarktis, des 250 Kilometer langen und 50 Kilometer breiten Gewässers, keinen Kontakt nach oben, Mikroorganismen, in der frostigen, stickstoff- und sauerstoffreichen Umgebung, immensem Druck, minimalem Nährstoffangebot, Konsequenzen einer Entdeckung

Absatz 3: Bohrung, umstritten, Verunreinigung des Sees durch Mikroorganismen und Chemikalien von außen zu verhindern, Kontamination, Messungen unbrauchbar, mit Kerosin und Kühlmitteln vor dem Zufrieren geschützt, steriles Silikonöl, Eiskerne

Seite 8

● **6** *Diese Schlüsselwörter könntest du aufgeschrieben haben:*
Absatz 4: keine Proben flüssigen Seewassers, erste Proben von gefrorenem Seewasser, Grenzschicht, mögliche Bewohner des Sees zu identifizieren, im Eis enthaltene DNA- und RNA-Sequenzen

Absatz 5: Erbgut von tausenden verschiedenen Organismen, Bakterien, Pilze, Vertreter der Archaeen, habitabel, zahlreichen Mikroben des Sees, Vertreter von Süßwasserarten, im Ozean vorkommenden Bakterien, einst eine direkte Verbindung zum Südpolarmeer, kälteangepassten Bakterien und Archaeen, Vertreter hitzeangepasster Spezies, hydrothermale Schlote am Seegrund

Absatz 6: in enger Gemeinschaft mit vielzelligen Tieren, bakterielle Sequenzen von Kommensalen und Parasiten, einige mehrzellige, komplexe Tiere, großen Menge und Vielfalt der Sequenzen

7 a. Absatz 1: Anbohren des Wostoksees gelungen
Absatz 2: Gibt es Leben tief unten in der Antarktis?
Absatz 3: Gefahren bei der Bohrung

● b. *Diese Zwischenüberschriften könntest du aufgeschrieben haben:*
Absatz 4: Analyse von Proben aus der Grenzschicht
Absatz 5: Artenvielfalt und Lebensraum des Wostoksees
Absatz 6: Gibt es Mehrzeller im Wostoksee?

9 *Diese Stichworte zu den Fragen könntest du aufgeschrieben haben:*
- Schatztruhe der Evolution
- die Lage des Wostoksees in der Antarktis unter dem Eis, die Tiefe der Bohrung

10 *Diesen Satz könntest du aufgeschrieben haben:*
Die Grafiken informieren über die Lage des Wostoksees in der Antarktis, die Tiefe der Bohrung und die verschiedenen Schichten unter und über dem Wostoksee.

11 b. *Folgendes könntest du geschrieben haben:*
Die Forscher/-innen könnten im Seewasser und den Sedimenten am Seegrund interessante Entdeckungen machen, weil diese Schichten lange Zeit unter dem Eis verborgen waren und dort verschiedene Organismen leben könnten.

Seite 9

12 *Folgende Stichworte könntest du aufgeschrieben haben:*
1. russisches Forschungsschiff, das gerade vor der Antarktis liegt
2. geschafft, den Wostoksee anzubohren
3. Temperatur zwischen minus 38 und minus 46 Grad, kurz vor der Polarnacht
4. Verunreinigung des Sees durch Frostschutzmittel, Messungen unbrauchbar
5. mithilfe von Tonnen an Kerosin und Kühlmittel

6. 250 km lang, 50 km breit
7. in der Ostantarktis
8. 25-mal größer als der Bodensee
9. Angst vor Kontamination, gefrorenes Seewasser in der Grenzschicht zwischen See und Gletschereis
10. im Eis enthaltene DNA- und RNA-Sequenzen
11. Bakterien, Pilze, Archaeen, Vertreter von Süßwasserarten, kälteangepasste Bakterien und Archaeen, Vertreter hitzeangepasster Spezies
12. früher direkte Verbindung zum Südpolarmeer, schmelzendes Süßwasser aus Gletschern
13. hydrothermale Schlote am Grund, die warmes Wasser abgeben

Seite 10

13 *Folgende Fragen könntest du aufgeschrieben haben:*
- Welche möglichen Umweltschäden durch die Bohrung wurden befürchtet?
- Worin bestand eine Gefahr für die Forschungsergebnisse?

14 **a. bis c.** *So könnte deine Zusammenfassung des Sachtextes lauten:*
In dem Sachtext „Russen bohren Riesensee unter dem ewigen Eis an" von Christoph Seidler geht es um die Anbohrung des Wostoksees in der Antarktis.
Zunächst wird dargestellt, unter welchen schwierigen Bedingungen es russischen Forschern erfolgreich gelang, den Wostoksee anzubohren. Es wird erklärt, was den See unter dem Eis der Antarktis so besonders macht und welche Erkenntnisse sich die Forscher dadurch versprechen.
Daran anknüpfend informiert der Text über die Gefahr der Verunreinigung des Sees bei der Bohrung. Mittlerweile konnte das Erbgut in Proben aus der Grenzschicht zwischen dem See und dem Eispanzer analysiert werden. Weiterhin erfährt man, dass die Ergebnisse der Untersuchung zeigten, dass im Wostoksee viele verschiedene Arten von Organismen leben. Außerdem werden im Text die Erkenntnisse der Forschenden zum Lebensraum, aber auch zur Entwicklung des Wostoksees beschrieben. Die Vielfalt der Lebewesen und ihrer Merkmale gaben den Forscher/-innen laut des Textes Aufschluss darüber, welche Bedingungen im See über die Jahre geherrscht haben müssen.
Durch den Text habe ich erfahren, dass es außergewöhnliche und interessante Lebensräume auf der Welt gibt. Viele davon sind uns nicht bewusst und Forscher/-innen müssen hart und genau arbeiten, um diese Orte erforschen zu können.

Seite 12

2 **a. bis c.**

Aussagen zum Text	richtig	falsch	Zeile/Grafik
1. Permafrostboden entsteht bei sehr niedrigen Temperaturen.	X		Z. 3–4
2. Permafrostböden gibt es nur in der Antarktis.		X	Z. 15–16
3. Die Temperaturen steigen auch in den bisher sehr kalten Regionen wie Nord- und Südpol an.	X		Z. 15
4. Permafrostboden taut auch immer mal wieder auf und gefriert dann wieder.		X	Z. 2–4
5. Permafrostboden kann man auch Dauerfrostboden nennen.	X		Z. 4–8
6. Mit dem Auftauen des Bodens gelangen giftige Stoffe an die Luft.	X		Z. 35–37
7. Das Auftauen des Permafrostbodens erhöht die Erderwärmung weiter.	X		Z. 27–30
8. Starke Sonneneinstrahlung bewirkt ein Auftauen des Permafrostbodens.		X	Z. 8–9
9. Die gefrorenen Schichten der Permafrostböden bleiben unter der Erde unberührt.		X	Z. 23–24
10. Wenn es an einer Stelle anfängt zu tauen, bildet sich Wasser.	X		Grafik S. 11
11. Ein See kann ein Anzeichen dafür sein, dass Permafrostboden auftaut.	X		Grafik S. 11
12. Der aufgetaute Boden ruckelt sich von selbst wieder zurecht.		X	Z. 37–42
13. Wenn Permafrostboden auftaut, kann es zu Erdrutschen kommen.	X		Z. 41–42
14. Gebäude, die auf Permafrost gebaut sind, sind aufgrund der eisigen Basis sehr stabil.		X	Z. 39–42 + Grafik S. 11

Seite 13

2 Für das Schulprojekt soll ich einen informierenden Text zum Thema „Earthship“ schreiben. Der Text soll sich an Jugendliche und Erwachsene richten, damit sie sich ein genaues Bild von dem Thema machen können. Für den Text kann ich die Informationen aus den vorliegenden Materialien verwenden.
Ich beschreibe zunächst mein Thema und das Ziel des Textes. Als Nächstes erkläre ich, was Earthships sind. Dabei muss ich erläutern, was der Name bedeutet, wer der Erfinder ist und welche Bauarten es gibt. Mit Hilfe von drei Beispielen muss ich verdeutlichen, was an der Bauweise eines Earthships nachhaltig ist.

Seite 14

3 *Folgende Sätze könntest du geschrieben haben:*
Mein Text richtet sich an Jugendliche und Erwachsene. Mein Ziel ist es, sie über Earthships zu informieren.

Seite 16

4 a. Materialien, die sachlich informieren: 2, 4, 5
Materialien, die informieren und unterhalten: 1, 3

b. *Du könntest deine Entscheidungen folgendermaßen begründet haben:*
Das Material 1 informiert darüber, was Earthships sind. Es unterhält durch die Form des Gesprächs und die Verwendung von sprachlichen Mitteln. Das Material 3 informiert über die verschiedene Nutzung von Autoreifen und unterhält, weil man ungewöhnliche Ideen kennenlernt und dadurch das Interesse der Leser/-innen geweckt wird.

In dem Material 2 werden die wichtigsten Informationen über das Ziel und die Bauart oder Funktionsweise der Earthships von Mike Reynolds dargestellt. In dem Material 5 wird sich auf die wichtigsten Informationen zu Wasservorschriften fokussiert und diese werden sachlich und mit Fachbegriffen erläutert. In dem Material 4 sind wichtige Elemente für den Bau und die Funktion grafisch dargestellt.

Seite 17

5 a. Hauptsächlich um Earthships geht es in den Materialien: 1, 2, 4
Du erfährst etwas zum Thema Autoreifen in den Materialien: 3
Hauptsächlich um Trinkwasseraufbereitung geht es im Material: 5

b. *Folgendes könntest du geschrieben haben:*

Die Materialien unterscheiden sich in der Form, wie die Informationen vermittelt werden.

6 *Folgende Textstellen könntest du grün markiert haben:*
Material 1: „für den Bau werden hauptsächlich Abfallstoffe verwendet“, „billiger“, „nutzen die natürliche Erdwärme“, „unabhängige Strom- und Wasserversorgung“, „im Haus sogar Lebensmittel produziert“

Material 2: „alte Reifen als Baustoff“ (Z. 1), „Südseite eines Earthships ist fast vollständig verglast“ (Z. 4), „Erdwärme genutzt“ (Z. 6), „auf der Dachfläche Regenwasser gesammelt“ (Z. 8), „Solarzellen auf dem Dach erzeugen Strom“ (Z. 11), erdbebensicher“ (Z. 18)

Material 5: „zwei voneinander getrennte Entsorgungssysteme“ (Z. 38)

7 *Folgendes könntest du geschrieben haben:*
Earthships sind Häuser, die hauptsächlich aus Abfallstoffen gebaut werden. Häufig bestehen die Wände aus Autoreifen. Die Reifen werden mit Sand oder Erde gefüllt.

8

Trinkwasser	Grauwasser	Brauchwasser	Schwarzwasser
enthält keine Verunreinigungen oder Mikroorganismen (Z. 5–6); Verwendung zum Trinken, zur Essenszubereitung, zur Körperpflege oder zur Reinigung (Z. 8–9); wird aus Oberflächenwasser oder Grundwasser gewonnen (Z. 11–12); Entnahme aus Trinkwasserschutzgebieten über das öffentliche Versorgungsnetz (Z. 13–15)	zum Waschen oder Reinigen benutztes und entsorgtes Trinkwasser (Z. 25–26); kann aufgefangen und für andere Zwecke aufbereitet werden (Z. 26–27); kann nicht mehr als Trinkwasser verwendet werden (Z. 32); eigene Entnahme- und Entsorgungsstellen (Z. 34, Z. 38)	aufbereitetes Grauwasser (Z. 27); Verwendung z. B. zur Bewässerung und zur Toilettenspülung (Z. 28)	enthält Fäkalien (Z. 36); Entsorgung über Abwassertanks und die Kanalisation in Kläranlagen (Z. 39–40)

Seite 18

9 *Folgendes könntest du geschrieben haben:*
Der Ausruf „Ja, das war toll!" wirkt begeisternd und macht deutlich, wie sehr Lilly Earthships gefallen. Durch die Verwendung des sprachlichen Mittels bei der Äußerung „Eben nicht!" (Z. 9) möchte sie ihrer Meinung Nachdruck verleihen und ihren Gesprächspartner überzeugen. Außerdem betont sie durch einen Ausruf besonders, wie groß die Glasfenster sind: „Sie sind allerdings riesig!" (Z. 18).

W **10** *Folgende Haltung könntest du dazu beispielsweise haben:*
Ich könnte mir das gut vorstellen, weil es bestimmt eine wertvolle Erfahrung ist. Es ist für mich eine ungewohnte Art zu wohnen, aber sicherlich kann man dabei viel über die Umwelt lernen.

Seite 19

1 **a. und b.** *So könntest du deine Notizen geordnet haben:*

3 Wie ist ein Earthship gebaut?
Wände aus Autoreifen, Erdwälle, Südseite fast vollständig verglast, Solarzellen auf dem Dach erzeugen Strom, manchmal Windräder, Bau dauert nur wenige Tage

2 Wer hat das Earthship erfunden? Architekt Mike Reynolds

1 Was bedeutet der Name Earthship?
Name bedeutet Erdschiff

4 Welche Beispiele für die Nachhaltigkeit eines Earthships gibt es?
aus Müll gebaut, Wintergarten mit Obst und Gemüse, Erdwärme als Heizung im Winter, erdbebensicher

5 Was sind die Besonderheiten bei der Wasserversorgung?
Regenwasser wird gesammelt und in Behältern gespeichert, Trinkwasser kann mit Hilfe von Aufbereitungsanlagen gewonnen werden, zwei Entsorgungssysteme für Grau- und Schwarzwasser, Grauwasser kann als Brauchwasser wiederaufbereitet werden, Schwarzwasser muss in Kläranlagen geleitet werden

6 Was ist in Deutschland bei der Trinkwasserversorgung von Earthships das Besondere?
Earthships müssen Anschluss ans öffentliche Trinkwassernetz haben

2 *So könntest du deine Gliederung aufgebaut haben:*
Überschrift
Einleitung: Thema des Textes nennen, zum Weiterlesen anregen
Hauptteil: Earthships und Nachhaltigkeit
a. Was bedeutet der Name Earthships?
b. Wer hat das Earthship erfunden?
c. Wie ist ein Earthship gebaut?
d. Welche Beispiele für die Nachhaltigkeit eines Earthships gibt es?
Schlussteil: kurz zusammenfassen

Seite 20

1 *Diese Überschrift könntest du notiert haben:*
Nachhaltig bauen: Die Earthships

2 *Diese Einleitung könntest du geschrieben haben:*
Das Thema Nachhaltigkeit ist in der heutigen Zeit sehr wichtig. Was sollen wir Menschen mit dem vielen Müll machen, den wir produzieren? Um zu zeigen, dass man aus Müll etwas Umweltfreundliches herstellen kann, möchte ich euch über das Thema Earthships informieren.

3 *Diesen Hauptteil könntest du geschrieben haben:*
Der Name Earthship bedeutet Erdschiff. So nennt man Häuser, die eine unabhängige Strom- und Wasserversorgung haben, genau wie Schiffe. Die Idee zu diesen Häusern stammt von dem Architekten Ryan Reynolds. Earthships sind hauptsächlich aus Abfallstoffen gebaut, zum Beispiel aus Autoreifen. Sie werden mit Sand und Erde gefüllt und aufgeschichtet. Daraus bestehen drei Wände. Um die Earthships herum sind Erdwälle, die die Earthships isolieren. Dadurch sind sie sehr stabil und gelten als erdbebensicher. Außerdem kann die Erdwärme im Winter als Heizung genutzt werden. Die südliche Wand ist fast vollständig verglast, damit die Sonne die Räume aufheizen kann. An dieser Seite gibt es auch einen Wintergarten mit Gemüse und Obst. Auf dem Dach wird Regenwasser aufgefangen und in Behältern gespeichert. Das Wasser wird zum Waschen benutzt, fließt danach als Grauwasser in einen Tank und kann dann noch zur Bewässerung von Pflanzen und für die Toilettenspülung benutzt werden. Nur das Abwasser aus der Toilette wird zu einer Kläranlage geleitet. Das Trinkwasser für Earthships muss in Deutschland aus gesundheitlichen Gründen aus dem öffentlichen Trinkwassernetz stammen und vom Grauwasser und Abwasser getrennt sein. Auf dem Dach sind Solarzellen, die Strom erzeugen. Dieser Strom wird gespeichert. Manchmal versorgen Windräder die Earthships zusätzlich mit Strom. Der Bau eines Earthships dauert nur wenige Tage.

4 *Diesen Schlussteil könntest du geschrieben haben:*
Earthships sind also eine gute Möglichkeit, Müll nachhaltig zu verarbeiten. Sie sind sehr umweltfreundlich, weil man sich darin selbst mit Strom, Wasser und Gemüse versorgen kann.

Seite 21

2 Für eine Schulwebsite soll ich einen informierenden Text zum Thema „Digitale Kommunikation" schreiben. Für den Text kann ich die Informationen aus den vorliegenden Materialien verwenden. Ich beschreibe in der Einleitung das Thema des Textes. Im Hauptteil erkläre ich, was man unter digitaler Kommunikation versteht. Dabei muss ich erläutern, welche Formen digitaler Kommunikation es gibt. Mit Hilfe von Beispielen muss ich verdeutlichen, welche Bedeutung digitale Kommunikation hat. Im Schlussteil zeige ich auf, welche Vorteile und Nachteile die Nutzung haben kann.

3 *Diesen Satz könntest du geschrieben haben:*
Ich möchte mit meinem Text Schülerinnen und Schüler informieren.

Seite 22

5 *Folgende Stichwörter könntest du notiert haben:*
- Internet, Suchmaschinen: aktuelle Informationen suchen, recherchieren
- soziale Netzwerke: Kontakt mit Freunden

6 *So könntest du geantwortet haben:*
- mittels technischer Geräte, zwischen Mensch und Mensch, Mensch und Maschine oder Maschine und Mensch
- synchron: in Echtzeit, asynchron: nicht zeitgleich

7 *Folgende Stichworte könntest du notiert haben:*
Vorteile:
- Kühlschrank überprüft von selbst, was fehlt
- Synchronisation von Geräten
- Sicherheitsdienst weiß automatisch, wenn die Wohnung leer ist
- Handyticket praktisch
- Verabreden unkompliziert
- Informationen über Gesundheit können jederzeit überprüft werden
- Maße am Kaufhauseingang erfasst, nur Kleidung in den richtigen Größen anzuprobieren
- bequem, Handy zeigt Angebote

Nachteile:
- Geräte machen Vorschriften
- Überwachung, Datenspeicherung
- Überprüfung der Konsumgewohnheiten

Seite 23

8 b. *So könntest du die Fragen beantwortet haben:*
Was ist digitale Kommunikation?
- Kommunikation mittels technischer Geräte
- zwischen Maschine und Mensch, Mensch und Maschine oder Maschine und Mensch

Welche Formen digitaler Kommunikation gibt es?
- asynchron: nicht zeitgleich, synchron: in Echtzeit
- E-Mails, Chatprogramme, soziale Netzwerke

Welche Bedeutung hat digitale Kommunikation für Jugendliche?
- Internet, Suchmaschinen: aktuelle Informationen suchen, recherchieren
- soziale Netzwerke: Kontakt mit Freunden wichtig

Welche Vor- und Nachteile digitaler Kommunikation gibt es?

Vorteile:
- Geräte senden automatisch Informationen, kein Kümmern notwendig
- Verabreden unkompliziert
- bequem, Handy zeigt Angebote
- Handyticket praktisch
- Informationen über eigene Gesundheit

Nachteile:
- Überwachung, Datenspeicherung
- Geräte machen Vorschriften
- Überprüfung der Konsumgewohnheiten

9 *So könntest du deine Gliederung aufgebaut haben:*
Überschrift
Einleitung
Hauptteil: Jugendliche und digitale Kommunikation
a. Was ist digitale Kommunikation?
b. Welche Bedeutung hat digitale Kommunikation für Jugendliche?
c. Welche Formen der digitalen Kommunikation gibt es?
d. Welche Vor- und Nachteile gibt es?
Schluss: kurz zusammenfassen, eigene Gedanken nennen

10 *Du hast sicher diese Überschrift gewählt:*
Digitale Kommunikation und ihre Bedeutung für Jugendliche

11 *Sicher hast du diese Einleitung gewählt:*
Wir alle kommunizieren jeden Tag digital - auch wenn uns das vielleicht gar nicht bewusst ist. Doch warum ist digitale Kommunikation eigentlich so wichtig geworden? und was versteht man überhaupt darunter? Diese Fragen möchte ich im Folgenden beantworten.

12 *Das könntest du geschrieben haben:*
Digitale Kommunikation ist die Verständigung mittels technischer Geräte. Sie kann zwischen Mensch und Mensch, Mensch und Maschine oder Maschine und Mensch stattfinden. Es gibt asynchrone und synchrone Kommunikation. Es gibt verschiedene Wege der digitalen Kommunikation, z. B. E-Mails und soziale Netzwerke. Besonders für Jugendliche wird digitale Kommunikation immer wichtiger. Sie nutzen zum Beispiel soziale Netzwerke und das Internet, um sich über aktuelle Themen zu informieren. Digitale Kommunikation hat sowohl Vorteile als auch Nachteile. Digitale Kommunikation ist für viele Bereiche praktisch. Es gibt inzwischen viele Dinge, um die Geräte sich selbst kümmern können. Außerdem hat man immer Zugriff auf wichtige Daten und Informationen. Andererseits kann man durch die gespeicherten Daten überwacht werden und die Konsumgewohnheiten werden ausgewertet.

13 *So könntest du den Schlussteil ergänzt haben:*
Die digitale Kommunikation hat in den letzten Jahren immer mehr Bedeutung bekommen. Diese Entwicklung wird sich sicher auch in Zukunft fortsetzen. Interessant finde ich die Vorstellung, dass Geräte den Menschen immer mehr Arbeit abnehmen und selbst denken lernen.

Seite 24

1 *Das könntest du geschrieben haben:*
Für eine Onlinezeitung soll ich eine Erörterung zu der Streitfrage „Sollten alle Schülerinnen und Schüler nach der Schulzeit zu einem sozialen Jahr verpflichtet werden?“ schreiben. Zu Beginn nenne ich meine eigene Position zu dem Thema. Im Hauptteil führe ich Argumente an, die meine Meinung stützen, und entkräfte mögliche Gegenargumente. Im Fazit fasse ich die Argumentation zusammen und spreche eine Empfehlung aus, ob das soziale Jahr meiner Meinung nach Pflicht sein sollte oder nicht.

2 *Folgende Sätze könntest du geschrieben haben:*
Mit meinem Text möchte ich Jugendliche und Erwachsene informieren. Ich soll einen Leserbrief schreiben.

Seite 26

2 Es geht um die Frage, ob alle Jugendlichen zu einem sozialen Jahr verpflichtet werden sollten.

3 a. trifft zu
b. trifft zu
c. trifft nicht zu
d. trifft nicht zu
e. trifft nicht zu
f. trifft zu
g. trifft zu
h. trifft nicht zu
i. trifft nicht zu
j. trifft zu

4 ... die Gesellschaft

5 berufliche Orientierung, praktische Lebenserfahrung, soziale Kompetenzen

Seite 27

6 ... Verbände und Organisationen, die Zivildienstleistende beschäftigen

7 Die unterschiedlichen Verbände wären strukturell überfordert, weil sie nicht so viele freie Stellen hätten, in denen sie die 500 000 bis 700 000 Jugendlichen, die einen Pflichtdienst leisten müssten, unterbringen könnten.

8 Trotz Personalmangels ist man gerade in Krankenhäusern oder in der Altenpflege häufig gegen ein soziales Pflichtjahr, weil die Jugendlichen, wenn sie unmotiviert sind, den Patienten nicht helfen, sondern sie nur verärgern würden.

9 Mit „sensiblen Bereichen“ sind die Arbeitsfelder gemeint, in denen man vorsichtig und gefühlvoll mit den Patienten umgehen muss.

10 überlastet sein, überfordert sein

● **11** *Folgende Sätze könntest du geschrieben haben:*
Der Text wurde geschrieben, um die Frage sachlich zu diskutieren. Es werden Vor- und Nachteile des Pflichtjahres dargelegt.

Seite 28

1 **a.** bis **d.** *Mögliche Lösung:*

Pro-Argumente	Kontra-Argumente
(1) bereichernde und prägende Erfahrungen	(1) Eingriff in die Freiheitsrechte von Jugendlichen
(4) praktische Lebenserfahrung	(3) strukturelle Überforderung der Zivildienstleistende beschäftigenden Verbände
(2) soziale Kompetenzen	(6) unmotivierte und frustrierte Jugendliche
(6) junge Menschen bekommen mehr vom analogen Leben mit	(4) zu teuer
(7) unsere Gesellschaft wird immer älter, mehr Arbeitskräfte werden benötigt	(7) man verliert Zeit bei der Ausbildung
(3) man kann sich beruflich orientieren	(2) Arbeitsbedingungen: oftmals körperlich und psychisch belastend
(5) man kann neue und verschiedene Menschen kennenlernen, Kontakte knüpfen	(5) kein guter Weg, um Arbeitsmarktproblem zu lösen

Seite 29

2 *Du könntest folgenden Standpunkt gewählt und eingetragen haben:*
Ich bin für ein verpflichtendes soziales Jahr.

3 **a.** A eigene Erfahrungen: bei einem Praktikum, bei einem Besuch im Krankenhaus oder Seniorenheim, Erfahrungen aus dem Bekanntenkreis
B Erläuterung/Erklärung für jeden nachvollziehbar: Roland Koch: Jugendliche können etwas für die Gesellschaft tun (Z. 15–17), Arbeit in sensiblen Bereichen (Z. 36–37)
C Fakten als Beleg: Artikel 12 des Grundgesetzes (Z. 23–25), Lohnkosten (Z. 44–45)
D wissenschaftlich nachgewiesen/Aussagen von Experten: Vizepräsident des Bundesverfassungsgerichts: Verstoß gegen Verfassung, gesetzliche Regelung oder Verfassungsänderung möglich (Z. 29–31); Verbände: zu wenig Plätze für so viele Pflichtdienstleistende (Z. 32–35)

c. *Mögliche Lösung:*
In dem sozialen Jahr können junge Menschen bereichernde und prägende Lebenserfahrungen

sammeln. Dies belegt auch die Aussage des Politikers Roland Koch. Er meint, dass es für alle Vorteile habe und bilde, wenn Jugendliche lernen, etwas für die Gesellschaft zu tun.
In dem sozialen Jahr können sich Jugendliche beruflich orientieren. Meiner Erfahrung nach ist es während der Schulzeit noch schwierig, Berufsfelder genauer kennenzulernen und einen Berufswunsch zu entwickeln.

4 a. + b. *Folgende Gegenargumente könntest du gesammelt haben:*
Argument: Man bekommt Einblicke in ganz andere Lebenswelten.

Gegenargument: Manche Menschen können sich nicht gut in andere hineinversetzen.

Argument: Jugendliche können soziale Kompetenzen erwerben.

Gegenargument: Wie gut man mit anderen Menschen umgehen kann, ist auch von der eigenen Persönlichkeit abhängig, weshalb es manche Jugendlichen überfordern könnte.

Argument: Man kann sich beruflich orientieren.

Gegenargument: Manche Jugendliche haben nach der Schule bereits einen Berufswunsch und möchten direkt eine Ausbildung machen.

Seite 30

1 b. DoganA *-* Das Thema „Soziales Jahr für alle – ja oder nein?", das BritnY anspricht, *beschäftigt viele Schüler und Schülerinnen, mich auch. Was soll ich nach der Schule machen? Ist es sinnvoll, erst mal etwas für die Gesellschaft zu tun, oder will ich karrieremäßig durchstarten?* Es gibt für beides Argumente, deshalb möchte ich diese mal etwas genauer beleuchten.

2 *Folgende Einleitung könntest du geschrieben haben:*
Heftig umstritten ist in der letzten Zeit die Frage, ob ein soziales Jahr verpflichtend sein sollte oder nicht. Das sieht man zum Beispiel an der aktuellen Diskussion in der Politik und im Internet. Dort werden unterschiedliche Standpunkte und Gründe für oder gegen die Verpflichtung angesprochen. Ich möchte hier darlegen, warum ich der Meinung bin, dass ein soziales Jahr verpflichtend sein sollte.

3 b. + c. *So könntest du den Auszug überarbeitet haben:*
Dogan *-*
Ein soziales Jahr hilft einem bei der Berufsorientierung, denn man kann schon mal in verschiedene Bereiche reinschnuppern. Es ist allgemein bekannt, dass man in der Schule nicht viele Möglichkeiten hat, praktische Erfahrungen zu sammeln und einen genauen Berufswunsch zu entwickeln. Außerdem merkt man, was einem liegt und was vielleicht überhaupt nicht zu einem passt. Meine Cousine hat zum Beispiel bei einem Praktikum in einem Seniorenheim gemerkt, dass sie diese Arbeit beruflich machen will.
Oft hört man das Argument, dass man durch ein soziales Jahr viel Zeit verlieren würde und man erst verzögert mit der Ausbildung anfangen könnte. Da sehe ich jedoch ein Missverständnis. Im Gegenteil erspart sich manche/-r den Umweg über eine nicht so passende Ausbildung, wenn sie oder er schon vorher Erfahrungen im Beruf sammeln kann. Meiner Erfahrung nach sind viele Jugendliche nach der Schule noch unsicher, ob der Beruf zu ihnen passt, oder haben ein falsches Bild von dem Beruf.

4 a. + b. Das Gegenargument ist im Konjunktiv formuliert. Dadurch wird deutlich, dass Dogan hier die Meinung anderer Menschen als mögliches Gegenargument anführt, dass er diese Meinung aber nicht teilt.

Seite 31

5 *So könntest du die Argumente entkräftet haben:*
Argument: Junge Menschen sollen nicht dafür büßen, dass es zu wenig Arbeitskräfte im sozialen Bereich gibt.
Gegenargument: Durch den inzwischen abgeschafften Zivildienst konnte man tatsächlich viele Arbeitskräfte „ersetzen".
Entkräftung: Zwar kann man kurzfristig Arbeit von Schulabgängern machen lassen, dennoch sollte der soziale Bereich längerfristig wieder interessanter für ausgebildete Arbeitskräfte werden.

Argument: Junge Menschen machen durch ein Soziales Jahr viele wichtige Erfahrungen.
Gegenargument: Die jungen Menschen erleben da Dinge, die sie vielleicht psychisch gar nicht verarbeiten können.
Entkräftung: Es ist unbestritten, dass Jugendliche im Sozialen Jahr auch schwierige Situationen erleben können, allerdings sollte man auch bedenken, dass es verschiedene soziale Bereiche zur Auswahl gibt und Jugendliche vor allem lernen, soziale Verantwortung zu übernehmen und soziale Kompetenzen zu erwerben.

Argument: Für das soziale Jahr sollten nicht einfach Gesetze geändert werden.
Gegenargument: Es gibt immer wieder politische Entscheidungen, zum Beispiel zur Abänderung von Gesetzen, denn manchmal müssen Gesetze mit der Zeit angepasst werden.
Entkräftung: Es gibt jedoch auch gewichtige Einwände: Auch wenn ein verpflichtendes soziales Jahr nicht mehr verfassungswidrig wäre, werden Jugendliche in ihren persönlichen Entfaltungsmöglichkeiten eingeschränkt.

6 a. *So könntest du den Lückentext vervollständigt haben:*
Obwohl ein verpflichtendes soziales Jahr einige Herausforderungen bedeuten würde, finde ich es dennoch sinnvoll, dass Jugendliche nach der Schule in einem sozialen Bereich arbeiten müssen.

b. *Folgenden Schlusssatz könntest du geschrieben haben:*
Wenn man sich vor Augen führt, dass vielen Jugendlichen nach der Schule noch praktische

Erfahrungen und gesellschaftliche Einblicke fehlen, ergibt sich die Konsequenz, dass diese Dinge in einem sozialen Jahr gefördert werden sollten.

7 *So könnte deine Erörterung beispielsweise lauten:*
Heftig umstritten ist in der letzten Zeit die Frage, ob ein soziales Jahr verpflichtend sein sollte oder nicht. Das sieht man zum Beispiel an der aktuellen Diskussion in der Politik und im Internet. Dort werden unterschiedliche Standpunkte und Gründe für oder gegen die Verpflichtung angesprochen. Ich möchte hier darlegen, warum ich der Meinung bin, dass ein soziales Jahr verpflichtend sein sollte.
Zunächst bietet ein soziales Jahr den Vorteil, sich beruflich orientieren zu können. Meiner Erfahrung nach ist es während der Schulzeit schwierig, einen genauen Berufswunsch zu entwickeln. Durch die Arbeit im sozialen Jahr kann man aber herausfinden, ob einem dieses Berufsfeld gefällt oder nicht. Man könnte dagegen einwenden, dass manche Jugendlichen nach der Schule bereits wüssten, wo sie arbeiten möchten, und die Zeit schon für ihre Ausbildung nutzen könnten. Dieses Argument kann ich zwar nachvollziehen, allerdings sollte man bedenken, dass man durch die soziale Arbeit dennoch viel Neues und Bereicherndes lernen kann.
Außerdem erwerben Jugendliche dadurch soziale Kompetenzen, die überall wichtig sind. Beispielsweise lernen sie, mit Kindern oder älteren Menschen umzugehen, und entwickeln ein besseres Verständnis für andere Lebenssituationen. Es ist unbestritten, dass Jugendliche im sozialen Jahr auch schwierige Situationen erleben können. Allerdings gibt es auch unterschiedliche soziale Bereiche und man lernt vor allem, soziale Verantwortung zu übernehmen und Herausforderungen zu meistern.
Besonders wichtig ist so, dass junge Menschen im sozialen Jahr viele bereichernde und prägende Erfahrungen machen, die neben der Berufsorientierung auch für andere Lebensbereiche sehr hilfreich sein können. Dies belegt auch die Aussage des Politikers Roland Koch, dass es für alle Vorteile hab und Jugendliche bilde, wenn sie etwas für die Gesellschaft tun können.
Obwohl es also Einwände gegen die Verpflichtung zu einem sozialen Jahr gibt, finde ich es dennoch sinnvoll, dass Jugendliche nach der Schule in einem sozialen Bereich arbeiten müssen. Wenn man sich vor Augen führt, dass vielen Jugendlichen nach der Schule praktische Erfahrungen und gesellschaftliche Einblicke fehlen, ergibt sich die Konsequenz, dass diese Dinge in einem sozialen Jahr gefördert werden sollten.

Seite 32

2 a. + b.
Eine steigernde Erörterung schreiben
- Habe ich auf interessante Weise zum Thema hingeführt und die strittige Frage deutlich gemacht?
- Habe ich meinen Standpunkt deutlich formuliert?
- Habe ich gute Argumente für meine Meinung angeführt?
- Habe ich meine Argumente überzeugend angeordnet?
- Habe ich meine Argumente mit passenden Beispielen oder Belegen veranschaulicht?
- Habe ich passende Verknüpfungswörter verwendet?
- Habe ich ein Gegenargument genannt?
- Habe ich das Gegenargument überzeugend entkräftet?
- Habe ich zum Schluss ein Fazit gezogen und einen Ausblick, einen Kompromiss oder eine Handlungsempfehlung gegeben?
- Habe ich auf Rechtschreibung und Grammatik geachtet und Fehler korrigiert?

Seite 33

W **5** a. bis e. *Mögliche Lösung:*
Meine These: Ich bin für ein soziales Jahr als Pflicht

Einleitung: Streitfrage „Soziales Jahr als Pflicht - ja oder nein?“, umstrittenes Thema, aktuelle Diskussion in der Politik und im Internet, verschiedene Standpunkte für und gegen eine Verpflichtung, Argumente darlegen und gegeneinander abwägen

Hauptteil: Kontra-Argumente: Eingriff in die Freiheitsrechte von Jugendlichen, Arbeitsbedingungen: oftmals körperlich und psychisch belastend, strukturelle Überforderung der Verbände

Pro-Argumente: man kann sich beruflich orientieren, soziale Kompetenzen, bereichernde und prägende Erfahrungen

Fazit: trotz Herausforderungen eine bereichernde Erfahrung und wertvolle Möglichkeit für Jugendliche, praktische Erfahrungen und gesellschaftlicher Einblick

Seite 36

1 *Folgende Textstellen in den Materialien könntest du unterstrichen oder markiert haben:*
M 1: „Tätowieren von unter 18-Jährigen als eine Körperverletzung“ (Z. 2–3), „viele gesundheitliche, soziale und ästhetische Risiken“ (Z. 6), „keinen speziellen Befähigungsnachweis“ (Z. 9–10), „Bei Hautkrankheiten [...] Risiko für Komplikationen“ (Z. 10–14), „Virusinfektionen können über unsaubere Instrumente und Farben erworben werden“ (Z. 19–20), „bakterielle Infektionen“ (Z. 21), „dauerhafte Beschwerden“ (Z. 23), „Allergien gegen Farbbestandteile bzw. Konservierungsmittel“ (Z. 25)

M 2: „8 bis 10 Millionen Menschen tätowiert“

M 3: „zu jung“, „nicht mehr zum Lebensstil passt“, „mit einer Person verbunden“, „nicht professionell aussieht“

M 4: „Körper wird zum Kunstwerk“, „Tätowieren als Mutprobe oder um andere Menschen zu schocken“, „freie Auswahl“, „dich selbst in deinen Tattoos ausdrücken“

M 5: „jeder vierte bis 29-Jährige hat ein Tattoo“

2 M 1
- Tätowierung von Jugendlichen ist verboten
- verschiedene körperliche und soziale Risiken
- keine Nachweise für Professionalität von Tätowiererinnen/Tätowierern erforderlich
- Tätowierung kann bei Vorerkrankungen gefährlich sein
- Tätowierung kann verschiedene gesundheitliche Folgen haben
- Behandlung bei Komplikationen ist schwierig und aufwändig

M 2
- in Deutschland haben ungefähr 8 bis 10 Millionen Menschen Tattoo(s)

M 3
- Manche bereuen ihre Entscheidung fürs Tattoo
- Tattoos gefallen später nicht mehr oder sind nicht mehr passend
- Tattoos wurden schlecht gestochen und sehen nicht gut aus

M 4
- Das Tattoo als Kunstwerk
- Das Tattoo als Mutprobe
- Das Tattoo als Selbstausdruck
- große Auswahl an Motiven

M 5
- vor allem junge Menschen finden Tattoos gut
- ungefähr ein Fünftel der Gesamtbevölkerung finden Tattoos gut
- je älter die Menschen sind, desto weniger sind tätowiert oder mögen Tattoos

Seite 37

2 *So könnte deine Tabelle beispielsweise aussehen:*

Thema: Tätowieren bei Jugendlichen	
Gefahren (Nachteile)	**Chancen (Vorteile)**
Jugendliche können noch nicht abschätzen, ob sie den Körperschmuck dauerhaft tragen wollen. (M 3 Jacinta, M 4)	Jugendliche sind alt genug, um selbst entscheiden zu können, ob und wie sie ihren Körper schmücken wollen. (mein Argument)
Jugendliche sollten noch vor den verschiedenen Risiken einer Tätowierung geschützt werden. (M 1)	Tattoos sind gerade für junge Menschen eine beliebte und vielfältige Möglichkeit, den eigenen Körper zu verschönern. (Jacinta M 4, M 5)
Jugendliche lassen sich aus den falschen Gründen tätowieren und bedenken oft nicht die längerfristigen Folgen. (Pitty M 4, M 1)	Jugendliche möchten durch Tattoos ihre eigene Persönlichkeit ausdrücken. (M 3, Anne M 4)
Jugendliche sind noch nicht alt genug, um allein die Verantwortung für die Entscheidung zu tragen. (M 1, Anne M 4)	Jugendliche setzen sich mit sich selbst auseinander und entwickeln Selbstbewusstsein. (mein Argument)
Nicht alle Tätowierer arbeiten professionell und gut. (M 1, M 3)	Tattoos können eine gesellschaftliche Bedeutung haben und ein Zugehörigkeitsgefühl vermitteln. (mein Argument)

Seite 38

1 *Folgenden Standpunkt könntest du beispielsweise gewählt haben:*
Ich bin dagegen, dass sich Jugendliche tätowieren lassen dürfen.

2 a. + b. *So könntest du deine Argumente zum Beispiel gewichtet und belegt haben:*

(1) Jugendliche lassen sich aus den falschen Gründen tätowieren und bedenken oft nicht die längerfristigen Folgen.
Beispiel/Beleg: Manchmal lassen sich Jugendliche beispielsweise Tattoos stechen, um sich und anderen etwas zu beweisen oder jemanden zu beeindrucken, und bereuen es später.

(2) Jugendliche können noch nicht abschätzen, ob sie den Körperschmuck dauerhaft tragen wollen.
Beispiel/Beleg: Eine Umfrage zeigte, dass sowohl das junge Alter als auch Veränderungen im Leben zu den häufigsten Gründen gehören, warum den Personen ein Tattoo später nicht mehr gefällt.

(3) Jugendliche sollten noch vor den verschiedenen Risiken einer Tätowierung geschützt werden, die sie allein noch nicht abschätzen können.
Beispiel/Beleg: Expertinnen/Experten warnen immer wieder vor den vielen verschiedenen gesundheitlichen Folgen, die Tätowierungen haben können, wie Infektionen, Allergien und dauerhaften Beschwerden.

3 a. + b. *So könntest du beispielsweise Gegenargumente entkräften:*
Auch wenn Tattoos gerade für junge Menschen eine beliebte und vielfältige Möglichkeit sind, den eigenen Körper zu verschönern, muss bedacht werden, dass sich die Interessen häufig noch verändern und die Entfernung eines Tattoos dann sehr aufwändig ist.

Zwar behaupten einige, dass Jugendliche alt genug seien, um selbst entscheiden zu können, ob und wie sie ihren Körper schmücken möchten, aber nach dem Gesetz können Jugendliche noch nicht allein die Verantwortung für diese Entscheidung übernehmen. Obwohl einige Leute meinen, dass Tattoos eine Möglichkeit seien, die eigene Persönlichkeit auszudrücken, denke ich, dass viele Jugendliche noch nicht einschätzen können, wie sie später leben möchten und ob das Tattoo dann noch passend ist.

Seite 39

1 a. bis c.

Zeilen	übernommene/zitierte Sätze	Material
Z. 1–2	Überschrift Schaubild: „[...] fast der Hälfte aller 16- bis 29-Jährigen gefallen Tattoos."	M 5
Z. 2–3	„Vor dem Gesetz gilt das Tätowieren von unter 18-Jährigen als eine Körperverletzung, die aber nicht bestraft wird, wenn die Eltern einwilligen [...]."	M 1
Z. 6–7	„In Deutschland sind [...] 8 bis 10 Millionen Menschen tätowiert."	M 2
Z. 7–8	„primitiv"	M 4
Z. 8–10	dass sie/er sich verändert hat und das Tattoo nicht mehr zum Lebensstil passt	M 3

2 *So könntest du den Text überarbeitet haben:*
Bei jungen Menschen ist das Tätowieren beliebter als bei älteren: „[...] fast der Hälfte aller 16–29-Jährigen gefallen Tattoos" (M 5). Im M 1 wird außerdem die gesetzliche Regelung thematisiert: „Vor dem Gesetz gilt das Tätowieren von unter 18-Jährigen als eine Körperverletzung, die aber nicht bestraft wird, wenn die Eltern einwilligen [...]". Man kann sich also als Jugendliche tätowieren lassen. Wenn man möchte, sollte man das auch machen. Die Geschmäcker sind schließlich verschieden. Und wenn es der größte Wunsch ist, sollte man das machen. „In Deutschland sind [...] acht bis zehn Millionen Menschen tätowiert" (M 2), die sind auch nicht alle dumm. Und diese Menschen als „primitiv" (M 4) zu bezeichnen, finde ich nicht gut. Was allerdings schon nicht so toll ist, wenn man das Tattoo dann nicht mehr schön findet, weil es irgendetwas zeigt, was man nicht mehr mag, z. B. den Namen eines Ex-Freundes oder Ähnliches (vgl. M 3).

Seite 40

1 *So könnte deine Einleitung lauten:*
Ob sich Jugendliche tätowieren lassen sollten, ist ein heiß diskutiertes Thema. Viele Menschen reagieren sehr emotional, wenn es um diese Art des Körperschmucks geht. Neben den Chancen gibt es nämlich auch einige Gefahren von Tattoos bei jungen Menschen, die berücksichtigt werden müssen.

2 *So könntest du die Aufgabe gelöst haben:*
stärkstes Gegenargument: Jugendliche sind alt genug, um über ein Tattoo entscheiden

Entkräftung: Tätowieren von Jugendlichen ohne das Einverständnis der Eltern ist verboten

mittleres Gegenargument: die eigene Persönlichkeit kann durch Tattoos ausgedrückt werden

Entkräftung: Jugendliche können späteres Leben und Interessen noch nicht ausreichend einschätzen

schwächstes Gegenargument: Tattoos gerade bei jungen Menschen beliebt und als schön empfunden

Entkräftung: Entfernung des Tattoos im Alter sehr aufwändig

schwächstes Argument: bedenken nicht die verschiedenen gesundheitlichen Risiken einer Tätowierung

Beispiel: Experten warnen vor Infektionen, Allergien und dauerhaften Beschwerden

mittleres Argument: oft falsche Gründe für Tätowierung, ohne längerfristige Folgen zu bedenken

Beispiel: um sich und anderen etwas zu beweisen oder jemanden zu beeindrucken, Entfernung aber aufwändig

stärkstes Argument: fehlendes Einschätzungsvermögen, ob sie den Körperschmuck dauerhaft tragen wollen

Beispiel: laut Umfrage häufige Gründe junges Alter und Veränderungen im Leben

Seite 41

3 *Dein Hauptteil könnte so lauten: siehe die Lösung zu Aufgabe 5 (nicht kursiv gedruckter Textteil).*

4 *Dein Schluss könnte so lauten: siehe die Lösung zu Aufgabe 5 (kursiv gedruckter Textteil).*

5 *So könnte deine Argumentation lauten:*
Ob sich Jugendliche tätowieren lassen sollten, ist ein heiß diskutiertes Thema. Viele Menschen reagieren sehr emotional, wenn es um diese Art des Körperschmucks geht. Neben den Chancen gibt es nämlich auch einige Gefahren von Tattoos bei jungen Menschen, die berücksichtigt werden müssen.
Von vielen Menschen wird die Ansicht vertreten, dass Jugendliche sich tätowieren lassen dürfen sollten. Es ist ja nicht ganz falsch, dass manche Jugendlichen alt genug sind, um zu entscheiden, ob und welches Tattoo sie tragen möchten. Allerdings sollte man auch bedenken, dass Tattoos für Jugendliche nach dem Gesetz eigentlich verboten und nur mit dem Einverständnis der Eltern möglich sind. Somit können Minderjährige auch noch nicht allein die Verantwortung für diese Entscheidung übernehmen. Häufig wird auch geäußert, dass Jugendliche durch Tattoos ihre eigene Persönlichkeit ausdrücken

möchten. Ich finde aber, dass Jugendliche häufig noch nicht ausreichend wissen, wie sie sich ihr späteres Leben vorstellen und ob die Tattoos dann noch zu ihnen passen. Einerseits argumentieren manche, dass Tattoos gerade bei jungen Menschen als ästhetisch empfunden würden und beliebt seien, andererseits ist ein Tattoo bekanntermaßen dauerhaft und die Entfernung später sehr schwierig.
Meiner Meinung nach werden die verschiedenen Risiken einer Tätowierung oftmals nicht ausreichend beachtet, denn Expertinnen und Experten warnen beispielsweise vor möglichen Infektionen, Allergien oder dauerhaften Beschwerden. Ich finde, dass diese Risiken besonders gegeneinander abgewogen werden müssen, wenn es um Minderjährige geht. Außerdem behaupte ich, dass manche Jugendlichen sich aus den falschen Gründen tätowieren lassen, weil sie die längerfristigen Folgen nicht bedenken. Wenn Jugendliche sich zum Beispiel ein Tattoo stechen lassen, um jemanden zu beeindrucken oder sich und anderen etwas zu beweisen, haben sie später vielleicht das Problem, dass es sie an schlechte Zeiten erinnert. Ich bin davon überzeugt, dass junge Menschen noch nicht ausreichend einschätzen können, ob sie das Tattoo dauerhaft tragen möchten. Denn laut einer Umfrage sind häufige Gründe dafür, dass Menschen ihr Tattoo nicht mehr gefällt, das junge Alter, als sie sich das Tattoo haben stechen lassen, oder Veränderungen im Leben.
Wenn man das Für und Wider abwägt, kommt man zu dem Schluss, dass es zwar einige Gründe gibt, warum junge Menschen sich ein Tattoo stechen lassen wollen, allerdings überwiegen die möglichen gesundheitlichen und sozialen Risiken. Deshalb bin ich der Meinung, dass sich Jugendliche kein Tattoo stechen lassen sollten.

Seite 43

2 a. bis c. + **3**

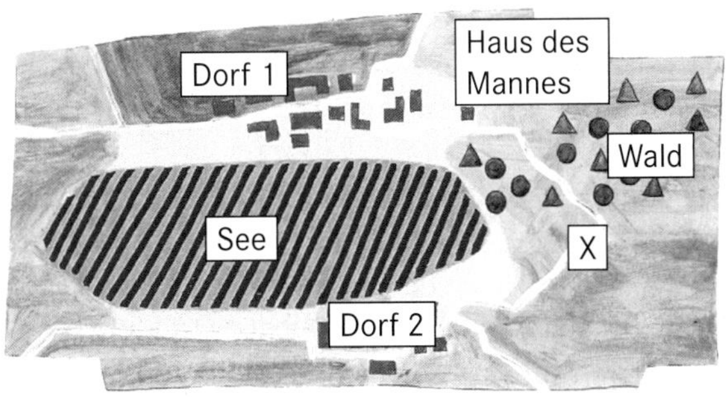

Seite 44

4 *Folgende Stichworte könntest du aufgeschrieben haben:*
abgelegen, am Waldrand, alt und zerfallen, einfach, dunkel

5 a. Herbst, Winter, Frühjahr

b. Im Herbst geht der Mann tagsüber im Steinbruch arbeiten und kehrt abends zum Hund nach Hause zurück. Den Winter verbringen der Mann und der Hund gemeinsam zu Hause und kümmern sich umeinander. Im Frühjahr wird der Hund vergiftet, der Mann begräbt ihn und verlässt den Ort.

6 a. + b. *Folgende Wörter und Wortgruppen könntest du markiert haben:*
Mann (blau): „Wut“ (Z. 19), „keine Angst“ (Z. 22), „niemanden mehr eingelassen“ (Z. 24), „Leute gingen ihm aus dem Weg“ (Z. 25), „die Kinder fürchteten ihn“ (Z. 25)

Hund (rot): „stumm und flehend“ (Z. 4), „mit eingezogenem Schwanz“ (Z. 8), „altes Tier“ (Z. 9), „wahrscheinlich krank und hungrig“ (Z. 10), „ein herrenloser Hund“ (Z. 16), „hartnäckig“ (Z. 18), „geschickt“ (Z. 20), „mit zitternden Flanken“ (Z. 20–21), „in einem erbärmlichen Zustand“ (Z. 21)

7 b. *Folgende Stellen könntest du zitiert haben:*
„‚Geh hin, woher du kommst, du verdammter Bastard‘, schrie er und hob einen Stein.“ (Z. 6–7), „Der Mann schleuderte einen Stock. Es half nichts. Die Wut packte ihn. Mit erhobenen Fäusten ging er auf das Tier los.“ (Z. 18–19), „Der Mann zündete das Licht an, machte Feuer und kümmerte sich nicht mehr um den Hund.“ (Z. 28–29)

Seite 45

8 *Folgende Stellen könntest du gefunden haben:*
„Der Mann fing ihn sachte an zu kraulen.“ (S. 42, Z. 33–34), „‚Wart‘, sagte er, ‚ich muss dich gründlich sauber machen. Du hast es nötig.‘ Er holte warmes Wasser und eine Bürste.“ (S. 42, Z. 34–35), „Er sprach mit dem Hund wie mit einem Menschen. Das Tier hatte zugenommen, und sein Fell glänzte.“ (S. 43, Z. 43–44)

9 Mitleid, Fürsorglichkeit, Warmherzigkeit

10 b. *Folgendes könntest du geschrieben haben:*
Der Mann fühlt sich einsam und traurig, weil er an dem Ort seine Frau und den Hund verloren hat, und möchte an einem anderen Ort neu anfangen.

11 *Folgendes könntest du geschrieben haben:*
Die Begegnung mit dem Hund verändert das Leben des Mannes. Der Hund hat also eine große Bedeutung für die Handlung.

12 *Folgende Stichworte könntest du geschrieben haben:*
auf andere Situationen und Personen übertragbar, unpersönlich

13 b. Satzreihe

c. *So könnte deine Begründung lauten:*
Der Satzbau passt sehr gut zum Inhalt des Textes, weil die einfachen und kurzen Sätze das einfache, langweilige und triste Leben des Mannes widerspiegeln.

Seite 46

14 b. Er betrachtete das Tier. Er wusste, dass man den Hund vergiftet hatte. Er grub ein Loch und verscharrte das Tier. Er konnte nicht schlafen. Die Gedanken drehten sich wild und wirr in seinem Kopf herum. Er stöhnte und wälzte sich von einer Seite zur andern. Erst als der Morgen dämmerte, wurde er ruhiger. Und dann ging er fort. Er nahm nichts mit sich. Er ging fort. Seither hat ihn niemand wiedergesehen.

c. Viele der Sätze beginnen gleich („Er betrachtete", „Er wusste", ...).

d. langweilig, monoton, rhythmisch, gleichförmig, traurig

e. Das Leben des Mannes und des Hundes spiegelt sich in der immer gleichen Abfolge im Satzbau wider, es ist monoton, immer gleich, es passiert nichts Neues.

15 *So könntest du die Fragen beantwortet haben:*
- auktorialer Erzähler
- über den Mann: Wohnort des Mannes und Tod seiner Frau; die Wirkung des Mannes auf andere Menschen; Handlungen, Gefühle und Gedanken des Mannes; über den Hund: Verhalten, Körpersprache und Gefühle des Hundes
- die Handlungen und Verhaltensweisen des Mannes, die Körpersprache des Hundes, die direkte Rede und die Gedanken des Mannes

16 *Folgende Stichworte könntest du aufgeschrieben haben:*
unvermittelter Anfang: Text beginnt direkt mit Begegnung zwischen Mann und Hund
ein Wendepunkt in der Geschichte: Verhalten gegenüber dem Hund und Eigenschaften des Mannes verändern sich
ein offenes Ende: Mann verlässt den Ort, Unwissen über sein weiteres Leben

Seite 47

1 Die Geschichte ist im Präteritum geschrieben.

2 a. Er/Sie-Perspektive

b. *Folgenden Textbeleg könntest du aufgeschrieben haben:*
„Der Mann schloss den ausgefransten Regenmantel. Der Hund blieb hinter ihm." (Z. 5–6)

3 *Folgende Stichwörter könntest du aufgeschrieben haben:*
1 Geld reicht nicht, um Hundesteuer zu bezahlen; die anderen haben kein Verständnis für meine Situation, unfaire Forderung; möchte die Gesellschaft des Hundes nicht deshalb verlieren; in ein Land ohne Hundesteuer ziehen
2 traurig; einsam; möchte den Hund und seine Gesellschaft nicht verlieren; entschlossen, den Hund nicht herzugeben
3 zieht woanders hin, wo er mit dem Hund leben kann und wo er neu anfangen kann

Seite 48

4 Eine tiefe Traurigkeit überfiel den Mann. Es war gefühlt eine ganze Ewigkeit her, dass er so ein heftiges Gefühl empfunden hatte. Dass er einen echten Freund verloren hatte, wurde ihm nun bewusst. Und das war eine wichtige Einsicht, mit der er weiterleben konnte. Auch fühlte er unheimliche Dankbarkeit.

5 bis **7** *individuelle Lösungen*

Seite 49

1 a. *Folgende Notiz hast du sicherlich durchgestrichen:* es passiert vor dem Wald, der zwei Dörfer trennt

b. *So könntest du die Notizen fortgesetzt haben:*
- der Mann ist wütend und seit langer Zeit einsam
- der Mann nimmt den Hund mit ins Haus und entwickelt Zuneigung
- der Mann und der Hund leben zusammen, sie kümmern sich umeinander
- der Mann soll Hundesteuer zahlen, wird bedroht
- der Hund wird vergiftet
- der Mann begräbt den Hund und verlässt den Ort

2 *So könnte der erste Satz deiner Einleitung lauten:*
Max Bolliger ist der Autor der Kurzgeschichte mit dem Titel „Der Hund" aus dem Jahr 1987.

3 In der Kurzgeschichte geht es um die Freundschaft zwischen dem Mann und dem Hund.

Seite 50

4

Der Mann beruhigt sich selbst mit dem Satz „Ach was! Wer wollte diese Ammenmärchen glauben?" (Z. 17), als er sich anfangs vor dem Hund fürchtet.	wörtliche Rede
Das sieht man auch daran, dass er einen Stock schleudert und dann auf ihn losgeht, um den Hund loszuwerden (Z. 19–20).	Umschreibung
Schließlich redet er zuhause freundlich mit dem Hund, indem er ihm ankündigt, ihn sauber zu machen. (Z. 34).	indirekte Rede

5 Satzreihe, unpersönliche Ausdrucksweise

6 a. bis c. *So könnte der Hauptteil deiner Textinterpretation lauten:*
In der Kurzgeschichte wird von der Begegnung zwischen einem Mann und einem Hund erzählt. Der Mann führt seit langer Zeit ein einsames und zurückgezogenes Leben, bis er eines Tages auf einen herrenlosen Hund trifft, der alt und möglicherweise krank ist. Die Anwesenheit des Hundes beunruhigt ihn (Z. 17–18). Er versucht schimpfend und mit

Gewalt, das Tier loszuwerden (Z. 19–20), doch der Hund lässt sich nicht abschütteln. So folgt er dem Mann bis ins Haus. Schließlich entwickelt der Mann doch eine Zuneigung zu dem Tier (Z. 34). Er beginnt, sich um den Hund zu kümmern, und so leben sie den Herbst und Winter zusammen und sind füreinander da. Nachdem der Mann eines Tages der Forderung nicht nachkommt, die Hundesteuer zu zahlen, wird der Hund im Frühjahr vergiftet. Der Mann begräbt das Tier und verlässt anschließend den Ort.
Das einfache, trostlose und langweilige Leben des Mannes spiegelt sich dabei im einfachen Satzbau wider. Es werden viele Satzreihen verwendet: „Der Mann zündete das Licht an, machte Feuer und kümmerte sich nicht mehr um den Hund.“ (Z. 28–29). Außerdem zeigt der Text typische Merkmale einer Kurzgeschichte. Er hat einen unvermittelten Anfang mit der Begegnung. Die Geschichte erzählt von einem entscheidenden Wendepunkt im Leben des Mannes. Die auktoriale Erzählperspektive bewirkt, dass diese Veränderung im Verhalten und in den Gefühlen des Mannes besonders deutlich wird. Die Leser/-innen erfahren dadurch viel über seine Situation und seine Gedanken. Das Ende der Kurzgeschichte bleibt offen, da man nicht weiß, wie das Leben des Mannes nach dem Tod des Hundes weitergeht. Durch die unpersönliche Ausdrucksweise „der Mann“ (Z. 2) und „Der Hund“ (Z. 3) kann die Geschichte außerdem auf andere übertragen werden, da ihre Beschreibung ungenau ist.

7 *So könnte dein Schlussteil lauten:*
Die Kurzgeschichte zeigt, welche Bedeutung eine Begegnung und die gegenseitige Gesellschaft im Leben haben können. Die Geschichte trägt den Titel „Der Hund“, da das Tier eine Veränderung im Leben des Mannes auslöst, das seit vielen Jahren gleich ist. Die Geschichte berührt mich, da ich die Beziehung zwischen dem Mann und dem Hund sehr nachvollziehbar finde. Ich kenne ähnliche Situationen, wo unerwartete Begegnungen etwas verändert haben.

Seite 52

2 *Folgende Adjektive könntest du notiert haben:*
trist, wehmütig, sehnsüchtig

4 *So könntest du die Fragen beantwortet haben (grün markiert, rot markiert):*
In dem Gedicht spricht eine sich erinnernde Person, die in der Stadt aufgewachsen ist. Es wird die Stadt angesprochen.
In Strophe 1 wird geschildert, wie neblig und trist die Stadt am Meer ist.
In Strophe 2 geht es um die eintönige und stille Natur aus Gras und vereinzelten Vögeln.
In Strophe 3 geht es darum, dass sich die Person mit der Stadt verbunden fühlt, weil sie gute Erinnerungen an die Zeit hat, in der sie dort aufgewachsen ist.

5 *Folgenden Satz könntest du geschrieben haben:*
Das Thema des Gedichts ist die wehmütige Erinnerung an die Heimatstadt.

6 drei Strophen, je fünf Verse, Kreuzreime und umarmende Reime

Seite 53

7 b. *So ist das Metrum in den drei Strophen:*
x x́ x x́ x x́ x x́
x x́ x x́ x x́
x x́ x x́ x x́ x x́
x x́ x x́ x x́ x x́
x x́ x x́ x x́

c. *Folgende Verse hast du sicherlich markiert:*
V. 2, V. 5, V. 7, V. 10, V. 12, V. 15

8 a. In Strophe 1 und Strophe 3 findet sich jeweils am Ende der Verse eins und vier bzw. der Verse zwölf und fünfzehn das Wort „Meer“. Diese Verse scheinen eine besondere Bedeutung zu haben.

b. Das Gedicht beginnt und endet mit dem Bild der Stadt am Meer, da es das zentrale Thema des Gedichts darstellt.

c. Das Wort „grau“ wird in den Versen 1, 12 und 15 wiederholt, wodurch der Eindruck der Eintönigkeit und der Trostlosigkeit verstärkt wird.

9 a. Der Nebel wird als Person dargestellt, welche die Dächer schwer drückt. Dadurch wird der Eindruck beschrieben, dass der Nebel sehr tief über den Dächern hängt.

b. In den Versen 13 und 14 wird das Glück der Jugend beschrieben, das mit einem Lächeln auf der Stadt liegt. Diese Personifikation beschreibt das Gefühl, dass mit der Stadt gute und positiv stimmende Erinnerungen an die Heimat verbunden sind.

10 a. „Doch“ (Vers 11)

b. *Folgendes könntest du geschrieben haben:*
Das lyrische Ich schätzt die „graue Stadt am Meer“ trotz aller Nachteile, weil sie dessen Heimatstadt ist, wo es eine schöne Jugend verbracht hat.

Seite 54

2 a. *So könntest du die erste Strophe verändert haben:*
Am ruhigen Strand, am ruhigen Meer
Und seitab liegt die Stadt;
Der Nebel gibt die Dächer her,
Und durch die Stille braust das Meer
friedlich um die Stadt.

b. *So könntest du die zweite Strophe verändert haben:*
Es rauscht der Wald, es schlagen schon
viel Vögel ohn Unterlass;
Die Möwen dort mit sanftem Ton
begrüßen früh den Morgen schon,
Am Strande weht das Gras.

3 *So könntest du die dritte Strophe ergänzt haben:*
Doch hängt mein Herz nicht mehr an dir,
Du ruhige Stadt am Meer;
die Ländlichkeit dann reichte mir,
Verschwand inzwischen doch von hier,
Du ruhige Stadt am Meer.

Seite 55

1 In dem Gedicht „Die Stadt“ von Theodor Storm geht es um die wehmütige Erinnerung an die Heimatstadt.

2 *So könnte dein Hauptteil lauten:*
Das Gedicht besteht aus drei Strophen, die jeweils fünf Verse umfassen. Der Dichter verwendet eine Mischung aus Kreuzreimen und umarmenden Reimen (abaab). Die Strophen beginnen mit einem Kreuzreim, wobei im vierten Vers der jeweiligen Strophe ein Reimwort a wiederholt wird. Die letzten vier Verse jeder Strophe bilden einen umarmenden Reim. Die Verse enden jeweils mit einer betonten Silbe.
In dem Gedicht spricht eine sich erinnernde Person, die in der Stadt aufgewachsen ist. Es wird darin die Heimatstadt angesprochen. In der ersten Strophe wird zunächst geschildert, wie neblig und trist der Ort am Meer ist. Dann geht es in der zweiten Strophe um die eintönige und stille Natur, aus Gras und wenigen Vögeln. Anschließend wird in der letzten Strophe beschrieben, dass sich das lyrische Ich dennoch sehr mit der Stadt verbunden fühlt, weil es gute Erinnerungen an die Zeit hat, in der es dort aufgewachsen ist. Dieser Wendepunkt von eher negativen zu den positiven Erinnerungen in der dritten Strophe wird durch das Wort „Doch“ (V. 11) deutlich.
Beim Lesen des Gedichts fallen außerdem mehrere Wortwiederholungen auf. In den Strophen 1 und 3 enden sowohl die Verse eins und vier mit dem Wort „Meer“ und die Verse zwölf und fünfzehn mit den Worten „Stadt am Meer“. Dadurch werden diese Verse besonders hervorgehoben. So beginnt und endet das Gedicht mit dem Bild der Stadt am Meer, weil es das zentrale Thema des Gedichts darstellt. Außerdem wird das Adjektiv „grau“ häufig wiederholt, wodurch die Eintönigkeit und die Wehmut verstärkt vermittelt werden. In dem Gedicht werden auch mehrere Personifikationen verwendet. Beispielsweise wird der Nebel als Person dargestellt, welche die Dächer schwer drückt (V. 3). Dadurch wird der Eindruck beschrieben, dass der Nebel sehr tief über den Dächern hängt. In den Versen 13 bis 14 wird das Glück der Jugend geschildert, das mit einem Lächeln auf der Stadt liegt. Diese Personifikation beschreibt das Gefühl, dass mit der Stadt gute und positiv stimmende Erinnerungen an die Heimat verbunden sind.

3 **a.** *So könntest du den Schlussteil formuliert haben:*
Zusammenfassend lässt sich sagen, dass das lyrische Ich die „graue Stadt am Meer“ trotz aller Nachteile schätzt, weil sie die Heimatstadt ist, wo die Person eine schöne Jugend verbracht hat. Deshalb denkt sie nun wehmütig an diese Zeit zurück.

b. *So könntest du die Wirkung beschrieben haben:*
Das Gedicht wirkt auf mich etwas trist und sehnsüchtig. Mich hat nachdenklich gemacht, dass man aufgrund von Erinnerungen eine positive Verbindung zu einem Ort haben kann, obwohl etwas zunächst auf andere vermutlich ganz anders wirkt.

Seite 56

1 **a.** *Folgendes könntest du notiert haben:*
In dem Buch könnte es um die Suche nach dem Sinn im Leben gehen.

Seite 57

2 *Folgendes könntest du notiert haben:*
Pierre Anthon ist ein Schüler, der meint, dass es nichts im Leben gibt, was eine Bedeutung hat. Er verlässt deshalb die Schule. Die Mitschüler/-innen sind verwirrt und beunruhigt von Pierre Anthons Verhalten. Es stimmt sie nachdenklich, aber sie schließen sich ihm nicht an. Eskildsen ist der Lehrer, der die Schüler/-innen nach den Ferien im Unterrichtsraum begrüßt und versucht, lustig zu sein.

3 *Folgende Fragen könntest du formuliert haben:*
1. Warum bekommen die Mitschüler/-innen Angst?
2. Was macht Pierre Anthon, wenn er nicht mehr zur Schule geht?

4

Beispiel	Stilmittel
„Die Tür lächelte.“ (Z. 26)	Personifikation
„Ich bekam Angst. Angst vor Pierre Anthon.“ (Z. 38)	Wiederholung
„Angst. Mehr Angst. Am meisten Angst.“ (Z. 39)	Steigerung
„...breit grinsendes Maul, das mich verschlingen würde...“ (Z. 27)	Vergleich

Seite 58

5 **a.** Die Leser sind irritiert und werden zum weiteren Denken angeregt. Die Tür könnte auf Pierre Anthons Mitschüler anziehend wirken, sie wollen vielleicht auch weg.

b.

Beispiel	Wirkung
„Ich bekam Angst. Angst vor Pierre Anthon.“ (Z. 38)	betont
„Angst. Mehr Angst. Am meisten Angst.“ (Z. 39)	verstärkt, veranschaulicht ein Gefühl
„...breit grinsendes Maul, das mich verschlingen würde...“ (Z. 27)	verstärkt, veranschaulicht einen Sachverhalt

6 b. *Sicherlich hast du Folgendes markiert:*
„Alles ist egal“ (Z. 25), „Denn alles fängt nur an, um aufzuhören. In demselben Moment, in dem ihr geboren werdet, fangt ihr an zu sterben. Und so ist es mit allem.“ (Z. 25–27), „Die Erde ist vier Milliarden sechshundert Millionen Jahre alt, aber ihr werdet höchstens hundert!“ (Z. 28–29), „Das Leben ist die Mühe überhaupt nicht wert.“ (Z. 30), „Das Ganze ist nichts weiter als ein Spiel, das nur darauf hinausläuft, so zu tun als ob – und eben genau dabei der Beste zu sein.“ (Z. 32–33), „Ich gaffe nicht in die Luft“ (Z. 48), „Ich schaue in den Himmel und übe mich darin, nichts zu tun.“ (Z. 48–49), „Wenn es etwas gibt, über das es sich lohnt, sauer zu werden, gibt es auch etwas, worüber es sich lohnt, sich zu freuen. Wenn es etwas gibt, über das es sich lohnt, sich zu freuen, gibt es auch etwas, was etwas bedeutet. Aber das gibt es nicht!“ (Z. 53–55), „In wenigen Jahren seid ihr alle tot und vergessen und nichts, also könnt ihr genauso gut sofort damit anfangen, euch darin zu üben.“ (Z. 56–57)

Seite 60

6 c. *So könntest du die Fragen beantwortet haben:*
1. Die Mitschüler/-innen haben Angst davor, dass Pierre Anthon recht haben könnte, und möchten nicht, dass alles im Leben bedeutungslos ist. (Z. 38–40)
2. Pierre Anthon sitzt in einem Pflaumenbaum, wirft mit Pflaumen und misst nichts mehr eine Bedeutung bei. (Z. 20–23)

7 a. Z. 43–46

b. *Folgendes könntest du geschrieben haben:*
Die Mitschüler/-innen werden dadurch aktiviert, dass Pierre Anthon nichts bedeutungsvoll findet. Seine Meinung und sein Verhalten wirken auf sie entmutigend, besorgniserregend und unannehmbar.

c. *Folgendes könntest du geschrieben haben:*
Ich finde Agnes‘ Meinung glaubhaft und nachvollziehbar. In ihrer Aussage entsteht der Eindruck, dass sie die Ziellosigkeit im Leben und die Vorstellung, dass alles bedeutungslos ist, sehr angsteinflößend findet. Durch die Steigerung und das Ausrufezeichen in Agnes‘ Aussage wird das besonders deutlich, es verstärkt den Eindruck.

8 a. + c. *So könnte dein Cluster beispielsweise aussehen:*

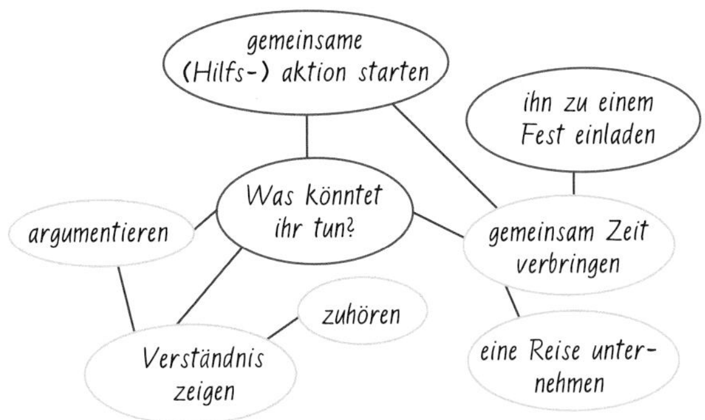

Seite 61

8 b. *So könntest du die Fragen beantwortet haben:*
Ich heiße Pierre Anthon und ich bin ein Schüler im Teenageralter.
Ich habe die Schule verlassen, weil ich der Meinung bin, dass nichts im Leben bedeutungsvoll und von Dauer ist. Ich sehe keinen Sinn darin, etwas zu tun, weil es für niemanden einen dauerhaften Unterschied machen würde.
Ich wünsche mir von den Lehrkräften und Eltern, dass sie mir zuhören und mich ernst nehmen. Ich möchte, dass Erwachsene mir vermitteln, dass ich etwas erreichen kann.
Ich wünsche mir von meinen Mitschülerinnen und Mitschülern, dass wir mehr miteinander unternehmen und dass sie mich unterstützen.

9 a. bis c. *So könnte dein Brief lauten:*
Liebe Agnes,
danke für deinen Brief von letzter Woche. Ich habe mir Gedanken zu eurem Problem gemacht und versucht, mir vorzustellen, was eurem Mitschüler helfen könnte. Das ist wirklich eine schwierige Situation.
Jetzt aber zu meinen Überlegungen: Um Pierre Anthon vom Baum zu locken, könntet ihr erstens versuchen, ihm Gesellschaft zu leisten und ihn zu seiner Meinung zu befragen. Denn vielleicht fühlt er sich allein und nicht ernst genommen. So könntet ihr ihm zeigen, dass ihr Verständnis für ihn habt und ihm helfen wollt. Vielleicht probiert ihr auch mal, im Gespräch mit ihm eure Argumente zu nennen, um ihn umzustimmen. Wenn das nicht hilft, dann könntet ihr ihn zu einem Treffen einladen oder etwas anderes gemeinsam unternehmen, zum Beispiel eine gemeinsame Feier oder eine Reise. Dabei könnte er merken, dass es so viele Abenteuer und spaßige Erlebnisse gibt, die einem noch lange im Gedächtnis bleiben. Eine andere Möglichkeit wäre auch, mit ihm gemeinsam eine Aktion in der Schule oder in einem Verein zu starten, um etwas Sinnvolles für andere zu tun und worüber sich andere auch längere Zeit danach noch freuen können.
So, das waren meine Vorschläge. Ich hoffe sehr, sie helfen euch!
Hoffentlich sehen wir uns bald wieder.

Viele Grüße
Dein/-e …

Seite 62

1 + **2** a.

Großschreibung durch:			
Artikel	Präpositionen	unbestimmte Zahlwörter	Possesivpronomen
das Umsetzen,	beim Planen,	viel Neues,	ihr Erfinden,
ein Flüstern,	durch Lesen,	etwas Schönes,	unser Üben,
das Sparen,	beim Laufen,	kaum Richtiges,	dein Weglaufen,
das Gehen	zum Schreien,	viel Böses,	ihr Singen,
	im Liegen,	wenig Gutes	mein Reden
	am Atmen		

3 die Vereinten Nationen, der Schiefe Turm zu Pisa, der Rote Platz, die Berliner Luft, das Kamener Kreuz, die Französische Revolution, die Holsteinische Schweiz, das Schwarze Meer, die Freie Demokratische Partei, die Ostfriesischen Inseln, der Dortmunder Raum, der Schweizer Käse, das Alte Rathaus, die Grüne Woche

Seite 63

1 a. Der Richter wird den Angeklagten wegen erwiesener Unschuld freisprechen.
Als Lehrperson muss man im Unterricht frei sprechen können.
Durch dummes Gerede kann man seinen besten Freund schlechtmachen.
Kevin sollte seine Hausaufgaben nicht immer so schlecht machen.
Nach dem Unterricht sollte man die Klassentür nicht offen lassen.
Die Antwort auf deine Frage muss ich leider noch offenlassen.

2 *Folgende Sätze könntest du aufgeschrieben haben:*
Nach der Zeitumstellung musste sie ihre Armbanduhr wieder richtig stellen.
Der Mann wollte seine frühere Behauptung richtigstellen.
Der Radiosprecher kann wirklich schön reden.
Du musst nicht immer deine misslungenen Versuche schönreden.
Die Person kann wegen ihrer Beinverletzung nur schief gehen.
Manche Streiche können schnell schiefgehen.

3 a. nasskalt, bitterböse, stundenlang, irgendwo, irgendwie, irgendwer

Seite 64

4 a. *Folgende Wortgruppen solltest du markiert haben:*
Nomen + Verb: Fußball spielen, Fahrrad fahren, Schlittschuh laufen, Schlange stehen, Folge leisten, Gitarre spielen, Haustier halten
Verb + Verb: schwimmen gehen, spielen üben, sprechen üben

5 a. + b. das Fußballspielen, zum Fahrradfahren, beim Schlittschuhlaufen, vom Schlangestehen, das Folgeleisten, zum Gitarrespielen, beim Haustierhalten, vom Skilaufen, das Kaffeetrinken, zum Diäthalten, beim Computerspielen, vom Maßhalten

6 a. + b. das Schwimmengehen, zum Spielenüben, beim Sprechenüben, vom Liegenbleiben, das Kennenlernen, zum Platzenlassen, beim Tanzenüben, vom Rechnenüben, das Stehenlassen

7 a. bis c.
Viele möchten im Eisstadion Musik hören. (Nomen + Verb)
Da können sie besser laufen üben. (Verb + Verb)
Und sich dadurch leichter warm halten. (Adjektiv und Verb)

Seite 65

2 a. *Diese Straßennamen sind zu unterstreichen:*
Straßennamen mit Orts- oder Ländernamen auf -er: Altenburger Straße, Würzburger Straße, Schweinfurter Straße
Straßennamen mit mehrteiligen Personennamen: Abt-Wolfram-Ring, Maria-Ward-Straße, Herzog-Max-Straße
aus Nomen zusammengesetzte Straßennamen: Heiliggrabstraße, Nonnenbrücke weitere Straßennamen: Ludwigstraße

3 *Folgende Schreibungen sind richtig:*
1. Kastanienallee, 2. Martin-Luther-Allee,
3. Einsteinstraße, 4. Fürther Weg, 5. Potsdamer Platz

4 Halberstädter Chaussee 27, Richard-von-Weizsäcker-Platz 6, Birkenallee 12, Sächsische Straße 79

Seite 66

1 a. bis c.

Fremdwort	Bedeutung	Wortart
das Business	das Geschäft	Nomen
florieren	blühen, gedeihen	Verb
investieren	anlegen	Verb
die Kosmetik	die Kunst des Schmückens (griech.)	Nomen
sich rentieren	Gewinn bringen	Verb
die Produktion	die Herstellung	Nomen

Fremdwort	Bedeutung	Wortart
die Illusion	die Täuschung	Nomen
die Optik	die Lehre vom Sichtbaren (griech.), hier: das Aussehen	Nomen
permanent	fortdauernd	Adjektiv
das Marketing	der Vertrieb und die Werbung	Nomen
die Branche	der Industriezweig	Nomen
dominieren	beherrschen	Verb
die Domäne	der Herrschaftsbereich	Nomen
transpirieren	schwitzen	Verb
aktiv	tätig	Adjektiv
das Dribbeln	das Tropfen, die Bewegung mit dem Ball	Nomen
aktuell	neu, jetzt tätig	Adjektiv
cool	kühl	Adjektiv
der Kick	der Schuss	Nomen
das Styling	die Formgestaltung	Nomen
der Eyeliner	der Augenkonturenstift	Nomen
das Aftershave	das Rasierwasser	Nomen
das Deodorant	der Geruchsentferner	Nomen
das Parfüm	ein Duftmittel	Nomen
der Look	das Aussehen	Nomen
die Devise	der Wahlspruch	Nomen
die Emulsion	ein Gemisch zweier normalerweise nicht mischbarer Flüssigkeiten	Nomen
eklatant	äußerst stark	Adjektiv
divers	unterschiedlich	Adjektiv
das Anti-Aging-Produkt	ein Erzeugnis gegen das Älterwerden	Nomen
profitieren	einen Vorteil haben, Gewinn machen	Verb
chirurgisch	handwerklich (griech.)	Adjektiv
riskant	waghalsig	Adjektiv
das Motto	der Wahlspruch	Nomen

2 sich günstig entwickeln: florieren
die Körper- und Schönheitspflege: die Kosmetik
Wahl-, Leitspruch: das Motto, die Devise
Waren, die das Altern hemmen sollen: das Anti-Aging-Produkt
ein Mittel, das unangenehmen Geruch verhindern soll: das Deodorant

Seite 67

3 a. + b.

Endung	Beispiele
-ieren	florieren, investieren, sich rentieren, dominieren, transpirieren, profitieren, analysieren, experimentieren, servieren, probieren, trainieren
-(t)ion	die Produktion, die Illusion, die Emulsion, die Operation, die Innovation
-ik	die Kosmetik, die Optik, die Klassik, die Ethik, die Physik
-ent	permanent, das Element, eloquent
-ing	das Marketing, das Styling, das Anti-Aging, das Timing, das Meeting
-iv	aktiv, das Archiv, negativ, passiv
-mus	der Realismus, der Expressionismus, der Naturalismus

4 *Diese Sätze könntest du aufgeschrieben haben:*
Unser Physiklehrer hat uns dieses **Phänomen** sehr gut erklärt. Sie macht gerade eine schwere **Phase** durch. Der Auftritt der **Philharmoniker** hat mir sehr gefallen. Sigmund Freuds **Philosophie** ist nicht so einfach zu verstehen. Im Chemieunterricht haben wir heute über **Phosphor** gesprochen. Ich gehe lieber ins Kino als ins **Theater**. Die **Theke** ist in dieser Bar immer voll besetzt. Können wir nicht lieber das **Thema** wechseln? Jonas möchte nach der Schule gern **Theologie** studieren. In der Fahrschule bin ich in der **Theorie** besser als in der Praxis. Nach meinem Unfall musste ich eine **Therapie** machen. Am Wochenende war ich mit meinen Eltern in einem wunderschönen **Thermalbad**. Die **Thermik** funktioniert für die Erdatmosphäre wie eine Klimaanlage. Ich finde, du hast damit eine ganz schön gewagte **These** aufgestellt.

5 **a.** Rechner: Computer
Netzauftritt: Website
Startseite: Homepage
Netzadresse: IP-Adresse, Domain
herunterladen: downloaden

6 Im Internet wird die nächste Revolution der Computerbranche eingeläutet: Cloud Computing heißt die Zukunft. Der Grundgedanke beim Cloud Computing ist, dass alle Anwendungen im Web laufen – von einfacher Software bis hin zu kompletten Betriebssystemen. Der User muss sich keine teure Hardware anschaffen, sich nicht regelmäßig Gedanken um die Aktualisierung des Systems machen und auch keine Software mehr kaufen. So angesagt Cloud Computing auch ist, problematisch dürfte bei dieser Technik der Schutz persönlicher Daten werden.

Seite 68

1 Die Interviewer fragten: „Aber manchmal weiß man einfach selbst nicht so genau, was man will, kennen Sie das nicht?“ „Nein, ich weiß, was ich will“, antwortet darauf Messner. Er fährt fort: „Das habe ich im Laufe der Zeit gelernt. Zwischen zehn und 25 war ich ein begeisterter Felskletterer. Damals ist mir wohl der Instinkt zugewachsen für später.“ Der Mann, der alle 14 Achttausender dieser Erde bezwungen hat, erinnert sich: „Wenn man mir mit zwanzig gesagt hätte, gehe doch mal mit zum Everest, hätte ich gesagt, ich bin doch kein Schneetreter! Das ist ja kein Klettern! Ich war damals mit Haut und Haaren Felskletterer.“ „Das war der Grund für mich mitzufahren, übrigens der einzige“, begründet Messner seine Teilnahme an der Expedition.

2 Messner erklärt: „Ich habe von Älteren abgeschaut, wie sie was tun und warum [...]“.
„Ich war der Erste, der einen Achttausender gemacht hat mit nix!“, fährt er fort.

Seite 69

2 a. bis c.

Da er einen Ferienjob sucht, überdenkt Paul noch einmal seine Interessen.

Bis jetzt war noch nichts Passendes für ihn dabei, *obwohl* er schon mehrere Praktika absolviert hat.

Ihm wird oft gesagt, *dass* er gut auf andere Menschen eingehen könne.

Paul erinnert sich an den Tipp seiner Klassenlehrerin, *dass* er einmal seine Interessen auf einem Blatt Papier aufschreiben solle.

Da ihm dieser Tipp einleuchtet, befolgt er ihn.

Es sollte unbedingt etwas Kommunikatives sein, *weil* er gern mit Menschen zu tun hat.

3 a. + b.

Pauls Schwester stellte ihm ihre Freundin vor, *weil* sie Filialleiterin in einem Reisebüro ist. Die Freundin gab Paul den Rat, *dass* er in diesem Reisebüro nach einem Ferienjob fragen sollte. *Als* er sich gleich am nächsten Tag auf den Weg dorthin machte, war er sehr aufgeregt. Er konnte sich nicht vorstellen, *wie* das Gespräch verlaufen würde. Er musste wohl einen guten Eindruck hinterlassen haben, *da* er schon am nächsten Tag einen Anruf mit einer Zusage bekam.

4 a. + b. *Folgende Satzgefüge könntest du formuliert haben:*

Wenn ich einen Ferienjob suche, schaue ich nach meinen Interessen.
Ich schaue nach meinen Interessen, *wenn* ich einen Ferienjob suche.

Während ich auf meine Freunde wartete, schrieb ich meiner Mutter eine Nachricht.
Ich schrieb meiner Mutter eine Nachricht, *während* ich auf meine Freunde wartete.

Als der Wecker klingelt, bin ich schon wach.
Ich bin schon wach, *als* der Wecker klingelt.

Seite 70

1 b. + c.
Dem 13-jährigen US-Amerikaner Jordan Romero gelang als bisher jüngstem Bergsteiger das Wunder, das ihn berühmt gemacht hat. Im Jahr 2010 schaffte er es tatsächlich, dass er den höchsten Gipfel der Erde bestieg.

2 Es war ihm und seiner Familie natürlich bekannt, dass der Rekord bis dahin von einem 16-jährigen Nepalesen gehalten wurde. Dass Romero von seinen Eltern auf der Tour begleitet wurde, war für den Jungen eine große Hilfe. Genauso wichtig war aber auch das einheimische Bergführer-Team, das die Betreuung vor Ort übernahm. Die Familie stieg von der tibetischen Seite auf. Der Grund dafür war, dass die Behörden Nepals dem Jugendlichen die Genehmigung der Tour verweigert hatten. Der Vater fand, dass diese Route weniger gefährlich sei als die von Nepal aus. Es gab jedoch nicht nur positives Feedback, das Romero zu hören bekam. Kritiker fanden es zu gefährlich, dass ein so junger Mensch den 8848 Meter hohen Gipfel des Himalajas besteigt. Jede Expedition auf diesen Berg ist ein Wagnis, das allerhöchste Anforderungen an die Bergsteiger stellt. Das schwierige Hindernis, das sie auf der Tour bewältigen mussten, war für Romero eine Kletterpassage auf einem 30 Zentimeter schmalen Streifen in allergrößter Höhe. Er schaute dabei stur auf seinen Vater, der vor ihm ging. So vermied er das Hinunterschauen, das in dieser Situation lebensgefährlich gewesen wäre.

Seite 71

2 *Folgende Begründung könntest du aufgeschrieben haben:*
Ich finde Urlaub im eigenen Land gut, weil man es dabei noch besser kennenlernen kann und trotzdem andere Orte entdeckt.

3 a. bis d.
Es gibt viele Gründe für die Deutschen, *um* in ihrem eigenen Land zu verreisen. *Ohne* zu übertreiben, kann man von einem Land mit vielen Urlaubsmöglichkeiten sprechen. Geschätzt wird besonders die schnelle Erreichbarkeit des Ferienorts, *anstatt* tagelang auf dem Weg zum Traumziel zu sein. Außerdem ist es günstiger, in Deutschland zu bleiben, *als* eine Fernreise zu buchen.

4 Es ist heutzutage kein Problem, ein passendes Reiseziel zu finden. Internetportale, Reisebüros, private Webseiten, Anzeigen in Zeitungen und Zeitschriften machen es jedoch manchmal schwer, genau das Richtige herauszufiltern. Interessante finanzielle Angebote, farbenprächtige Prospekte und wortreiche Beschreibungen sollen möglichst viele

Reisewillige dazu bringen, an den angepriesenen Orten ihren Urlaub zu verbringen. Die Anbieter verpflichten sich dazu, nur das Beste für die Urlauber zu leisten.

5 Es ist möglich, als Urlauber viele Vorteile von Deutschland zu genießen. Anstatt lebendige Städte zu besuchen, kann man sich auch sportlich betätigen. Andere wiederum lieben Ruhe und Entspannung, ohne sich anzustrengen. Sie halten sich lieber in einsamen Gegenden auf, als sich in überfüllte Städte zu begeben. Statt architektonische und historische Sehenswürdigkeiten zu betrachten, möchten sie in der freien Natur die Aussicht genießen. Ohne einen gewissen Komfort bei der Unterkunft zu genießen, geht es bei den meisten nicht. Die sozialen Medien bieten heute die Möglichkeit, eine Bewertung zum Zimmer abzugeben. Manchen kritischen Zeitgenossen fällt leider nichts ein, außer sich über alles zu beschweren.

Seite 72

2 a. + b. Anne Boleyn (die zweite Gemahlin von Heinrich dem Achten), Heinrich der Achte (hatte insgesamt sechs Gemahlinnen), Elisabeth die Erste (Tochter von Anne Boleyn und Heinrich dem Achten), Maria Stuart (schottische Königin)

3 Heinrich der Achte, Elisabeth die Erste, Elisabethanisches Zeitalter, Anglikanische Kirche, Elisabeth I., Tudor-Dynastie, Westminster Abbey

Seite 73

4 a. erhielt (Infinitiv: erhalten)

b. + c. durchhalt*en*, behalt*en*, weghalt*en*, abhalt*en*

5 + **6**
Anne Boleyn war die zweite von sechs Gemahlinnen, die Heinrich der Achte hatte.
Ihre gemeinsame Tochter Elisabeth die Erste, die auch als jungfräuliche Königin bezeichnet wird, lebte von 1533 bis 1603.
Elisabeth I. ist das letzte Mitglied der Tudor-Dynastie, die als bedeutende Adelsfamilie viele Herrschenden hervorgebracht hat, auf dem englischen Thron.
Mit der schottischen Königin Maria Stuart hatte sie einen Konflikt, der sich über Jahre hinzog.
Im Alter von 69 Jahren starb Elisabeth und wurde in der Westminster Abbey, der berühmtesten Kirche in London, begraben.

7 Elisabeth die Erste und Maria Stuart, welche beide Königinnen waren, lebten in sehr unsicheren Zeiten. Maria Stuart, die den schottischen Thron innehatte, war ständigen Gefahren und Kämpfen ausgesetzt. Sie war sehr jung Witwe geworden und hatte dann ihren zweiten Mann geheiratet, der aber ermordet wurde.

8 Maria Stuart, deren Leben ebenfalls in Gefahr war, musste aus Schottland fliehen. In England jedoch fühlte sich Elisabeth, die dort Königin war, von ihr bedroht. Elisabeth hatte Angst, Maria könnte ihr den englischen Thron wegnehmen. Maria, die aus der Familie der Stuarts kam, und Elisabeth, welche zur Familie der Tudors gehörte, entstammten beide einflussreichen Adelsfamilien. Maria Stuart starb zuerst. Elisabeth die Erste, die sie verdächtigte, an einem Attentat auf ihr Leben beteiligt gewesen zu sein, ließ Maria Stuart mit 45 Jahren hinrichten.

Seite 74

2 *Folgenden Satz könntest du aufgeschrieben haben:*
Es wird vermutlich eine Fledermaus beschrieben.

3 a. das Tier, der Körper, der Flügel, das Mäusefell, die Zehenkralle, das Gelenk, der Daumen, der Kopf, die Schnauze, der Vampirzahn, der Knochensatz, der Oberarm, die Handwurzel

4 die Membran: dünnes, feines Häutchen, das trennende oder abgrenzende Funktion hat
der Widerhaken: Haken, dessen Ende so gestaltet ist, dass das Zurückziehen aus etwas unmöglich ist
die Flügelspitze: Ende des länglichen und spitz zulaufenden Flügels
die Speiche: Knochen des Unterarms auf der Seite des Daumens
die Elle: Knochen des Unterarms auf der Seite des kleinen Fingers

Seite 75

5 a. zerbrechlich

b. zerbrechen

6 a. + b.
abbrechen – der Abbruch, ausbrechen – der Ausbruch, unterbrechen – die Unterbrechung, aufbrechen – der Aufbruch, durchbrechen – der Durchbruch, zusammenbrechen – der Zusammenbruch

7 a. + b.
Einen Moment lang zuckte es, *dann* faltete es seine Flügel zusammen und erstarrte.

8 a. + b.
Als sie wieder das Glas über seinen kleinen Körper stülpen wollte, ergab es sich vor lauter Angst.
Satzbild: Nebensatz, Hauptsatz.

Seite 76

2 *Folgenden Satz könntest du aufgeschrieben haben:*
Die Schülerjäger werden dazu eingesetzt, Schulschwänzer zu beobachten und zu fassen.

3 a. + b.
Schon lange gibt es in den USA sogenannte Schülerjäger, weil immer wieder Schülerinnen und Schüler dem Unterricht fernbleiben.
Sie sagen, dass der Unterricht sehr langweilig sei und dass ihnen der Besuch der Schule äußerst schwerfalle.
Die Schülerinnen und Schüler, die zuvor das Schuleschwänzen sehr leichtnahmen, waren nach ihrer „Festnahme“ oft recht kleinmütig.

c. fernbleiben: wenn man nicht teilnimmt, schwerfallen: wenn etwas mühevoll ist, leichtnehmen: wenn man etwas nicht viel Bedeutung beimisst

4 Wir lassen uns von der Bank den Betrag gutschreiben.
Die kleinen Taschen lassen sich leicht nehmen.
Die Prüfungsaufgaben werden ihm sicher schwerfallen.

Seite 77

5 a. + b.
ungeheuer große Fangprämien – Adjektiv, unter peinlich genaue Beobachtung – Präposition, das Schuleschwänzen – Artikel

6 a. + b.
Mein Unwohlsein war zum Glück schnell vorüber. (Possessivpronomen)
Er hatte viele Würfe gemacht, bevor er traf. (unbestimmtes Zahlwort)
An das schnellere Laufen hat sie sich langsam gewöhnt. (Präposition, Artikel, Adjektiv)
Wenn die zahlreichen Eingeladenen alle kommen, wird es voll. (Artikel, Zahlwort)

7 a. + b.
Sie sagen, dass der Unterricht sehr langweilig sei und dass ihnen der Besuch der Schule äußerst schwerfällt.
Dass diese Methode Erfolg hat, zeigt die abnehmende Zahl der fehlenden Schüler.

8 a. + b.
Dass es mir heute nicht gutgeht, liegt an meiner starken Erkältung.
Ich sagte dir schon, dass du mich dann besser in Ruhe lässt.
Meine Lehrerin hatte auch Verständnis dafür, dass ich mich heute nicht stark beteiligt habe.

Seite 78

2 *Folgenden Satz könntest du geschrieben haben:*
Der Grund ist vermutlich, dass die Babys im Bauch der Mutter von Fruchtwasser umgeben waren.

3 a. bis c.
Es ist kaum zu glauben, dass (Konjunktion) neugeborene Babys unter Wasser keinerlei Probleme haben.
Leider verliert das (Artikel) Kind nach vier Monaten diesen angeborenen Reflex.
Danach muss es das (Artikel) Tauchen, das (Relativpronomen) es ja schon konnte, wieder neu erlernen.

4 a. + b.

das – Artikel	das – Relativpronomen	dass – Konjunktion
das Wasser (Z. 3, Z. 4)	...das Tauchen, das es schon konnte,... (Z. 6–7)	...kaum zu glauben, dass neugeborene Babys... (Z. 1)
das Kind (Z. 5)	...das Können, das sie schon einmal hatten... (Z. 8)	...ist bekannt, dass die Kinder... (Z. 2)
das Tauchen (Z. 6)		...verhindert, dass das Wasser... (Z. 3)
		...mit der Folge, dass die Luftröhre ... (Z. 5)

Seite 79

5 a. + b.
Eine Fachärztin sagt dazu: „Dieser Reflex verhindert, dass das Wasser in die Lunge gelangt. Beim Untertauchen registrieren feine Nervenenden in der Haut das Wasser, mit der Folge, dass die Luftröhre verschlossen wird.“

6 „Ich habe viele Jahre über den Tauchreflex von Babys geforscht“, sagt die Expertin. „Es hat mir immer Spaß gemacht“, fügt sie hinzu, „obwohl es sehr schwierig war, die Experimente durchzuführen.“ Sie lächelt und fügt hinzu: „Aber es hat sich auf jeden Fall gelohnt.“

7 ist bange (bange sein)

8 a. Du hast mir Geld ausgeliehen, als ich pleite war.
Da wir jetzt so zu zweit durch den stillen Wald laufen, wird uns angst.
Sie ist es leid, ihre Freundin immer wieder zur Pünktlichkeit ermahnen zu müssen.
Da wir an diesem Missverständnis schuld sind, entschuldigen wir uns dafür.

Seite 80

2 Geschichtlich betrachtet gibt es Brot seit drei Jahrtausenden in jeder Zivilisation. (Z. 7)
Oder: Gesäuertes Brot war schon vor 5000 Jahren in Ägypten bekannt. (Z. 12–13).

3 a. + b.
Der Preis schwankt stark, je nachdem ob wir es im Discounter oder im Bäckereifachgeschäft kaufen, ob es in der Fabrik hergestellt wurde oder in kleinen Mengen, ob es konventionelle Zutaten enthält oder biologisch angebaute Inhaltsstoffe hat.

4 Für das Sportfest brauche ich Trainingsanzug, T-Shirt, Turnhose und Schuhe.
An meinem Geburtstag besuchen wir den Kletterpark, machen Pause im Eiscafé, gehen danach ins Kino oder schauen uns zu Hause einen spannenden Film an.
Ich esse gern Salate mit Radieschen, mit Käse überbackene Ofengerichte, Bratwürste in allen Variationen und Eis mit Früchten und Schokoladensoße.
Er kam müde nach Hause, zog seine Arbeitskleidung aus, wusch sich, legte sich auf das Sofa und las die Tageszeitung.

Seite 81

5 a. Not leiden, Angst haben

b. *Folgende Sätze könntest du formuliert haben:*
Wir sollten an die Menschen denken, die Not leiden.
Du brauchst keine Angst haben, dass der Hund beißt.

6 Astrid ist Schüler-Mediatorin und hilft in der Schule bei Konflikten, indem sie Streit schlichtet.
Der erste Schritt ist dabei, dass Astrid zuerst einzeln mit den Beteiligten ein Gespräch führt.
Es ist wichtig, dass sie dabei genau auf das Gesagte Acht gibt.
Auch wenn die Konfliktparteien ihren Ratschlägen nicht immer Folge leisten, kann sie doch verunsicherten Menschen Halt geben.
Sie sagt: „Die Arbeit als Mediatorin kann wirklich Spaß machen!"

7 a. + b. gesäuert – sauer

8 a. + b.
Das Haarstudio war vollbesetzt, obwohl es sehr geräumig war. (Raum)
Die Friseurin fragt mich sogar, ob ich ein Kännchen Kaffee möchte. (Kanne)
In dem großen Raum stehen drei schöne Blumensträuße verteilt. (Blumenstrauß)
Der Praktikant hat vom vielen Haarewaschen ganz rote Hände, diese häuten sich schon. (Haut)
Der Friseur bewunderte mein gekräuseltes Haar. (kraus)

Seite 82

2 *Folgenden Satz könntest du aufgeschrieben haben:*
Es gibt den Trend, dass Kinder gemeinsam mit den Eltern und den Großeltern verreisen.

3 a. + b.
Wenn Großeltern selbst noch mobil sind, ist ihre Begleitung eine Bereicherung für alle, *zum Beispiel* durch zusätzliche gemeinsame Aktivitäten oder durch Entlastung der Eltern.

4 a. + b.
Und gar nicht selten kommt noch ein weiterer positiver Aspekt hinzu, *und zwar* die ganze oder teilweise Übernahme der Reisekosten durch die Großeltern.

Seite 83

5 a. + b.
Die Inhaberin meint dazu: „Anstatt mit den Eltern allein zu verreisen, werden die Kinder zusätzlich von den Großeltern oder einem Großelternteil begleitet."

6 b. *So könntest du die Aufgabe gelöst haben:*
Aisha meint: „Man lernt im Ausland neue Menschen kennen, das trägt zur Völkerverständigung bei."
(Reiseportal „Fernweh", Stand 12.07.202..)
Frenzi schreibt: „Aber man erzeugt viel CO_2, wenn man weit reist. Das ist schädlich für die Umwelt."
(Reiseportal „Fernweh", Stand 12.07.202..)

7 a. + b.
teil – weise (der Teil, -weise)

8 a. die Verantwortung: verantwortungslos, die Zeit: zeitgemäß, die Pflicht: pflichtgemäß, der Abschnitt: abschnittsweise, das Beispiel: beispielsweise

b. *Folgende Sätze könntest du formuliert haben:*
Sein Verhalten gegenüber den anderen Mitschülern war verantwortungslos.
Ein beliebter Sport in der Freizeit ist beispielsweise das Joggen.

Seite 84

1 a. + b.
Betreff: Rücknahme eines Smartphones
Sehr geehrte Damen und Herren,
das Smartphone, das ich bei Ihnen am 15.06. gekauft habe, hat trotz der bereits von Ihnen vorgenommenen Reparatur weiterhin nur eingeschränkte Funktionsfelder. So kann ich z. B. Nachrichten nur teilweise empfangen. Auch das Senden von SMS verläuft nicht reibungslos. Mir gehen sehr wichtige Informationen verloren. Da ich mein Telefon auch beruflich nutze, bitte ich Sie um eine schnelle Rücknahme des Geräts und um einen adäquaten Ersatz.
Ich hoffe auf eine zügige Bearbeitung meines Anliegens. Danke für Ihr Verständnis!

Mit freundlichen Grüßen

Max Mustermann

2 1 c, 2 c, 3 b, 4 b

Seite 85

3 Johann Peter Hebel war Lehrer, Schuldirektor und Schriftsteller.
Er wurde in Basel geboren, lebte dort einige Zeit, zog später nach Deutschland um und wurde dort Schuldirektor.

4 Kalendergeschichten waren früher oft das Einzige, was arme Leute zu lesen hatten.
Diese Geschichten, welche sie sich gerne gegenseitig am Abend vorlasen, dienten auch zur Bildung der Menschen.

5 Geschichten, die speziell für Kinder geschrieben sind, gibt es erst seit ca. 100 Jahren.

6 b. Folgende Sätze finden sich zu Beginn der Kalendergeschichte „Der kluge Richter", die von Johann Peter Hebel geschrieben wurde. Er wurde 1760 in Basel geboren, arbeitete ab 1783 als Lehrer und wurde später zum Direktor des Karlsruher Gymnasiums berufen. In heutigen Ohren klingt es etwas altmodisch, wenn er schreibt: „Dass nicht alles so uneben sei, was im Morgenlande geschieht, das haben wir schon einmal gehört. Auch folgende Begebenheit soll sich daselbst zugetragen haben. Ein reicher Mann hatte eine beträchtliche Geldsumme, welche in ein Tuch eingenäht war, aus Unvorsichtigkeit verloren. Er machte daher seinen Verlust bekannt und bot, wie man zu tun pflegte, dem ehrlichen Finder eine Belohnung, und zwar von hundert Talern an. [...]"

Seite 86

2 Sehr geehrter Herr Lorenz,
vielen Dank, dass Sie die Beispielseiten für unsere Abschlusszeitung so schnell aufgebaut haben.
Sowohl die Farbgestaltung als auch die Schrift gefällt uns größtenteils.
Deswegen möchten wir nur kleine Änderungen vorschlagen.
Wäre es möglich, unsere Porträts auf jeder Seite etwas größer abzudrucken?
Außerdem möchten wir Sie bitten ...

4 a. *Folgende Wörter solltest du unterstrichen haben:*
drucken (3 x), schicken (2 x)

b. Lieber Timur,
natürlich können wir eure Porträts größer drucken und die Seiten entsprechend neu herstellen. Auch das Cover, dessen Farben euch nicht gefallen, können wir anders gestalten. Gerne können wir euch neue Vorschläge schicken. Sollen wir diese wieder an eure Schuladresse senden? ...

c. *So könnte dein Schlussteil lauten:*
... Bis wann braucht ihr die Seiten?
Ich werde versuchen, alles rechtzeitig fertig zu haben.

Mit freundlichen Grüßen
Johannes Lorenz

Seite 87

1 a. bis c.

Wortart	Beispiele	Abkürzung
Nomen	die Schule, das Fach, die Freiheit	
Verb	kommen, sehen, sein, sagen, können	
Pronomen	Personalpronomen: wir, ich, er, ihr	Pron.
	Possessivpronomen: sein, unser, euer, ihr	
	Demonstrativpronomen: dieser, jenes	
	Interrogativpronomen: wer, welche, warum	
	Relativpronomen: den, das, die	
Adjektiv	klein, lustig	Adj.
Präposition	auf, unter, in, über	Präp.
Konjunktion	nebenordnend: und, oder	Konj.
	unterordnend: weil, dass, aber	
Adverb	heute, dort, nachdem, gestern	Adv.
Artikel	bestimmt: der, das, die	Art.
	unbestimmt: ein, eine	

2 Adj./Nomen/Präp./Nomen/Art./Nomen
Kleine Stadtgeschichten aus Berlin: Der Schwächeanfall
Pron./Verb/Nomen/Präp./Nomen/Präp./Nomen/Art./Adj./Nomen/Verb
Es ist Sprechstunde beim Hausarzt in Schöneberg. Ein 16-jähriger Patient betritt

Präp./Nomen/Pron./Nomen/Art./Nomen/Konj./Verb/Pron./Präp./Art./Nomen
in Begleitung seiner Mutter das Sprechzimmer und fläzt sich in den Stuhl.

Pron./Pron./Verb/Verb/Art./Nomen/Verb/Art./Adj./Nomen
Warum er komme, möchte der Doktor wissen. Die entwaffnende Antwort

Art./Nomen/Verb/Adj./Nomen
des Halbwüchsigen lautet: „Allgemeine Bocklosigkeit."

Seite 88

2 *Folgenden Satz könntest du aufgeschrieben haben:*
Die Arbeit von Sanitätern/-innen ist sehr beeindruckend, denn sie helfen in sehr herausfordernden und emotionalen Situationen.

3 **a. A Ein Schul-Sanitäter erzählt:**
Als es einen lauten Knall gab, entstand ein heilloses Durcheinander, alle liefen zusammen und standen ratlos rum. Ich war sehr aufgeregt, ging aber trotzdem nach vorne, an allen anderen vorbei, um einfach zu helfen. Als ich neben ihm kniete, war ich kein bisschen nervös. Ich wusste, was zu tun war. Ich half einfach.

B Eine Stadion-Sanitäterin erzählt:
Die Atmosphäre im Fußballstadion ist schon speziell. Da kann es ja auch mal hoch hergehen. Die Fans freuen sich und leiden mit ihrem Verein gleichermaßen. Da gibt es ganz viele Emotionen. Wenn im Stadion die einen singen und die anderen buhen oder brüllen, das kann ganz schön aufregend sein. Ich muss aber einen kühlen Kopf bewahren, damit ich helfen kann. Und es funktioniert tatsächlich.

b. Text A Einsatz in der Schule: Präteritum
Text B Einsatz im Stadion: Präsens

c. Der Schul-Sanitäter berichtet von einer bestimmten Situation in der Vergangenheit. Die Stadion-Sanitäterin erzählt von ihrer regelmäßigen Arbeit.

W **d.** *Text A:*

Präsens	Präteritum	Perfekt	Plusquamperfekt	Futur I	Futur II
es gibt	**es gab**	es hat gegeben	es hatte gegeben	es wird geben	es wird gegeben haben
es entsteht	**es entstand**	es ist entstanden	es war entstanden	es wird entstehen	es wird entstanden sein
sie laufen	**sie liefen**	sie sind gelaufen	sie waren gelaufen	sie werden laufen	sie werden gelaufen sein
sie stehen rum	**sie standen rum**	sie haben rumgestanden	sie hatten rumgestanden	sie werden rumstehen	sie werden rumgestanden haben
ich bin	**ich war**	ich bin gewesen	ich war gewesen	ich werde sein	ich werde gewesen sein
ich gehe	**ich ging**	ich bin gegangen	ich war gegangen	ich werde gehen	ich werde gegangen sein
ich knie	**ich kniete**	ich habe gekniet	ich hatte gekniet	ich werde knien	ich werde gekniet haben
ich weiß	**ich wusste**	ich habe gewusst	ich hatte gewusst	ich werde wissen	ich werde gewusst haben
ich helfe	**ich half**	ich habe geholfen	ich hatte geholfen	ich werde helfen	ich werde geholfen haben

oder Text B:

Präsens	Präteritum	Perfekt	Plusquamperfekt	Futur I	Futur II
sie ist	sie war	sie ist gewesen	sie war gewesen	sie wird sein	sie wird gewesen sein
ich/es kann	ich/es konnte	ich habe gekonnt/es hat gekonnt	ich/es hatte gekonnt	ich werde können/es wird können	Ich werde gekonnt haben/ es wird gekonnt haben
sie freuen sich	sie freuten sich	sie haben sich gefreut	sie hatten sich gefreut	sie werden sich freuen	sie werden sich gefreut haben
sie leiden	sie litten	sie haben gelitten	sie hatten gelitten	sie werden leiden	sie werden gelitten haben
es gibt	es gab	es hat gegeben	es hatte gegeben	es wird geben	es wird gegeben haben
sie singen	sie sangen	sie haben gesungen	sie hatten gesungen	sie werden singen	sie werden gesungen haben
sie buhen	sie buhten	sie haben gebuht	sie hatten gebuht	sie werden buhen	sie werden gebuht haben
sie brüllen	sie brüllten	sie haben gebrüllt	sie hatten gebrüllt	sie werden brüllen	sie werden gebrüllt haben
ich muss	ich musste	ich habe gemusst	ich hatte gemusst	ich werde müssen	ich werde gemusst haben
es funktioniert	es funktionierte	es hat funktioniert	es hatte funktioniert	es wird funktionieren	es wird funktioniert haben

Seite 89

2 **a.** Passivformen im Präsens (rot): werden überprüft, sind betroffen, wird überprüft, wird verdeckt, wird geachtet

Passivformen im Präteritum (blau): wurden manipuliert, wurden hergestellt, wurden verändert

2 b. + **3**

Passiv im Präsens	Passiv im Präteritum
sie werden überprüft	sie wurden überprüft
sie sind betroffen	sie waren betroffen
er wird überprüft	er wurde überprüft

Passiv im Präteritum	Passiv im Präsens
sie wurden manipuliert	sie werden manipuliert
sie wurden hergestellt	sie werden hergestellt
sie wurden verändert	sie werden verändert

Seite 90

2 *Folgende Wörter solltest du markiert haben:*
solle, stehe, sei, müsse

3 a. Die Schulleiterin meint, sie könne Herrn Bergs' Einwände sehr gut nachvollziehen.
Abschließend sagt sie, sie wünsche ihnen viel Erfolg auf dem Flohmarkt.
Wegen eines Basketballspiels am Samstagabend müsse die Halle sauber hinterlassen werden, erklärt Frau Timm.
Die Schulleiterin verspricht, sie werde mit Herrn Bergs sprechen. Sie würden versuchen, eine Lösung zu finden.
Am besten übernähmen die Reinigungskräfte das Putzen der großen Turnhalle in einer extra Schicht, überlegt Frau Timm.

● b. *Folgende Sätze könntest du aufgeschrieben haben:*
Frau Timm meint, sie kenne dieses Problem.
Sie sagt, man habe immer eine Lösung gefunden.
Frau Timm äußert, sie freue sich, dass die Schüler/-innen sich so große Mühe mit dem Flohmarkt machten (machen würden).

Seite 91

1 a. *Folgende Verbformen solltest du markiert haben:*
habe, kenne, gebe, seien, sei, könne

b.

Indikativ	Konjunktiv I
sie hat	sie habe
er kennt	er könne
es gibt	es gebe
sie sind	sie seien
er ist	er sei
man kann	man könne

2 Milena sagte, dass sich bestimmt fast jede/r eine Abschlussfahrt wünsche. Sie finde Abschlussfahrten selbst eine ganz tolle Idee, weil diese sehr gemeinschaftsfördernd seien. Sie sehe allerdings die Gefahr, dass nicht alle mitfahren würden.

3 Gloria sagte, Schülerinnen und Schüler der 10. Klasse seien meist für eine Abschlussfahrt, weil sie bald schon mit dem Berufsleben anfingen. Sie meinte, sie stimme Jannis nicht zu. Für einen gelungenen Abschluss der Schulzeit seien solche Fahrten wichtig, erklärte sie. Gloria behauptete abschließend, man könne sie gar nicht überbewerten.

Seite 92

2 a. *Folgende Wörter solltest du unterstrichen haben:*
essen, spielt vor, kommt, dürfen tanzen, legen fest, verkleiden

b. Wir äßen ein Fünf-Gänge-Menü in einem eleganten Restaurant. Unsere Theatergruppe spielte einen lustigen Sketch vor.
Es käme ein DJ zu uns und wir dürften bis spät in die Nacht tanzen.
Wir legten ein Motto fest und verkleideten uns.

3 a. Ich fände es wunderbar, wenn wir ein Hausboot mieteten.
So wäre es möglich, eine Wasserparty zu feiern.
Mir gefiele es außerdem, wenn wir tolle Musik dabei hätten.
Es wäre schön, wenn wir sehr spät nach Hause zurück kämen.

b. Ich fände es wunderbar, wenn wir ein Hausboot mieten würden.
Mir würde es außerdem gefallen, wenn wir tolle Musik dabei hätten.

4 *Folgende Sätze könntest du geschrieben haben:*
Ich würde mich freuen, wenn wir ein Gartenfest veranstalten könnten. Außerdem wäre es schön, wenn die Sonne schiene. Ich hätte gerne, dass es ein Büffet gäbe, an dem man sich das Essen aussuchen könnte. Mir würde es gefallen, wenn die Musik von einer Live-Band käme. Am liebsten würden außerdem verschiedene Personen eine Rede halten. Das Wichtigste wäre für mich, wenn eine sehr gute Stimmung herrschte.

Seite 93

1 a. Nachdem man das Dinner serviert hatte und nun die Gäste ein Drei-Gänge-Menü genossen, wurden mehrere Reden gehalten.
Jahrgangssprecherin Jana Siedler blickte auf die vergangene Schulzeit zurück und erinnerte an die Klassenfahrt im Mai nach Italien und an das Engagement vieler Schüler/-innen am Sozialen Tag.

b. Die Gäste tanzten bis spät in die Nacht zu Livemusik.

c. Henning erklärte sich bereit, einen Teil des Geldes für einen guten Zweck zu spenden.

d. Es sei erfreulich, wie viele sich für andere eingesetzt hätten, erklärte Jana in ihrer Rede.

Sie hoffe, dass sich ein solches Engagement auch im späteren Berufsleben zeigen werde, betonte Frau Weber. Bei dem gut besuchten Flohmarkt hätten die Schüler/-innen des 10. Jahrgangs sehr viel Geld eingenommen, das sie für den Auftritt der Band verwendet hätten.

Seite 94

1 a. *Folgende Wörter solltest du unterstrichen haben:* muss, kann, ist, bin, wird, gefällt, hat

b. Mirkan meint, die Einnahmen des Flohmarkts müsse man für einen guten Zweck verwenden.
Anne sagt, man könne ihren Einsatz als vorbildlich ansehen.
Louis ergänzt, es sei von allen gerne geholfen worden und er sei mit dem Ergebnis sehr zufrieden.
Nesrin sagt, vielleicht werde für ihren Jahrgang auch ein solcher Flohmarkt veranstaltet.
Leon meint, die Idee, die Einnahmen für einen Bandauftritt zu verwenden, gefalle ihm gut.
Tom ergänzt, sogar mancher Schüler/manche Schülerin aus der Nachbarschule habe den Flohmarkt besucht.

2 Mirkan sagt, die Einnahmen des Flohmarkts müssten für einen guten Zweck verwendet werden. Anne meint, sie finde den Einsatz der Schülerinnen und Schüler vorbildlich. Louis ergänzt, er habe gerne geholfen. Nesrin überlegt, ob sie auch einen Flohmarkt veranstalten sollten. Tom ergänzt, sogar viele Schülerinnen und Schüler der Nachbarschule hätten den Flohmarkt besucht.

Seite 95

1 a. Mein Freund besucht mich morgen Abend.
Besucht mich morgen Abend mein Freund?
Mich besucht morgen Abend mein Freund.

b. Die Umstellprobe hilft dabei, die einzelnen Satzglieder zu bestimmen.

2

Satzglied	Fragen	Abkürzung
Prädikat	Was tut...?	Präd.
Subjekt	Wer oder was?	Subj.
Akkusativobjekt	Wen oder was?	Akk.-Obj.
Dativobjekt	Wem?	Dat.-Obj.
Präpositionalobjekt	Worauf?, Womit?, Wonach?	Präp.-Obj.
Attribut	Welche?, Welcher?	Attr.
Adverbiale Bestimmungen...		AdvB
...des Ortes	Wo?, Woher?, Wohin?	AdvB/O
...der Zeit	Wann?, Wie lange?, Seit wann?	AdvB/Z
...der Art und Weise	Wie?	AdvB/AW
...des Grundes	Warum?, Weshalb?	AdvB/G

3 a. + b.
Kleine Stadtgeschichten aus Berlin: Knecht Ruprecht
AdvB/Z, Präd., Attr., Subj., Attr.

[Am Mittwochmorgen] [will] [eine größere Gruppe süddeutscher Jugendlicher]

AdvB/O, AdvB/O, Präd., Subj., Präd., AdvB/G

[am Bahnhof] [in die S-Bahn] [einsteigen]. [Sie] [möchten zusammenbleiben]. [Deshalb]

Präd., Subj., Attr., Akk.-Obj., Präd., AdvB/AW, Präd., Subj.

[steuern] [alle] [dieselbe Tür] [an]. [Über Lautsprecher] [ertönt] [der Rat des Fahrers]:

Subj., Präd., AdvB/O, Subj., Subj., Präd., Akk.-Obj., Präd.

„[Das] [ist] [hier] doch [kein Adventskalender]. [Man] [kann] ruhig [alle Türen] [aufmachen].“

Seite 96

2 Martin Luther überlebte ein schweres Gewitter, in dem er zu Gott gebetet hatte.

3 a. Wer in dieser Zeit studieren wollte,
was er an diesem Tag erlebt hatte

b. ob er Luder, Lutter, Lüder oder gar Lauther geschrieben werden wollte
dass er Luther genannt werden wollte

Seite 97

1 A wo er eine musikalisch-poetische Ausbildung erhielt
B Als er 1483 geboren wurde
C wenn ihn Gott aus dieser Situation retten möge

D indem er von einem schweren Gewitter überrascht wurde
E da er als Hüttenmeister im Kupferschieferbergbau in Mansfeld arbeitete

2 A zur musikalisch-poetischen Ausbildung
B in seinem Geburtsjahr 1483
C im Fall einer Rettung aus dieser Situation
D von einem schweren Gewitter überrascht werdend
E durch seine Arbeit als Hüttenmeister im Kupferschieferbergbau in Mansfeld

Seite 98

3 a. + b. *Folgenden Satz könntest du geschrieben haben:*
Bertha von Suttner war ebenfalls eine mutige Frau, weil es in ihrer Zeit ungewöhnlich war, sich als Frau politisch zu engagieren.

4 b. *Folgendes Satzgefüge könntest du gebildet haben:*
Nachdem Bertha von Suttner sich mit dem Roman „Die Waffen nieder" gegen den Krieg ausgesprochen hatte, bekam sie 1905 den Friedensnobelpreis.

5 b. Ihre Mutter verspielte das Erbe des Vaters in Kasinos.

c. Sie nimmt eine Stelle als Erzieherin an.

d. + e. Konditionalsatz (rot markiert), Modalsatz (grün markiert)

Bertha wäre nicht so eine berühmte Person der Geschichte geworden, wenn ihre Mutter nicht das Erbe des Vaters in Kasinos verspielt hätte.
Bertha muss sich vom angenehmen Leben des Hochadels verabschieden, indem sie eine Stelle als Erzieherin annimmt.

6 a. + b.
Bertha von Suttner wurde in Prag geboren, wo sie als Gräfin Kinsky von Chinic und Tettau zu den vornehmsten Adelsfamilien Böhmens gehörte.
Bertha nimmt 1873 eine Stelle in Wien an, wo sie als Erzieherin der vier Töchter des Freiherrn von Suttner arbeitet.

Seite 99

1 a. + b.
Der Vater von Bertha von Suttner, der schon vor ihrer Geburt gestorben war, hatte einen militärischen Beruf.
Ihre Mutter, von der sie keine Unterstützung mehr bekam, hatte in kurzer Zeit alles Geld der Familie verspielt.
Bertha, deren Lehrkräfte sehr zufrieden mit ihr waren, war sehr wissbegierig.
So konnte sie eine Stellung im Haus des Freiherrn von Suttner annehmen, dessen vier Töchter sie unterrichten sollte.

2 b. *Folgende Nomen solltest du markiert haben:*
Sohn Arthur, Fürstin, Arthur, Paar

c. Bertha verliebt sich in den Sohn Arthur, der sieben Jahre jünger ist als sie.
Gemeinsam mit ihm flieht Bertha zu einer befreundeten Fürstin in den Kaukasus, bei der sie ihn 1875 heimlich heiratet.
Arthur, dessen Eltern ihn wegen der Heirat mit ihr enterbt haben, kann Bertha kein sorgloses Leben bieten.
Neun Jahre lang lebt das Paar, das von sehr schwierigen finanziellen Verhältnissen geprägt ist, vom Schreiben von Romanen und Übersetzungen.

3 *Folgende Relativsätze könntest du ergänzt haben:*
Der Film, den wir im Kino gesehen haben, hat mir gut gefallen.
Über die Schulferien, die nächste Woche beginnen, erzähle ich dir nachher mehr.
Eine Freundin von mir, die aus England kommt, war am Wochenende zu Besuch.

Seite 100

1 a. + b.
Die U-Bahn befördert in Japan eine große Zahl an Fahrgästen, ohne viele Verspätungen zu haben.
Es wird vom Bahnpersonal alles getan, um den Ablauf schnell und reibungslos zu gestalten.
Auf den vollen Bahnsteigen weisen Metroangestellte den Pendlern den Weg in die Waggons, anstatt alles dem Zufall zu überlassen.
Sogenannte Oshiyas (Drücker) versuchen mit den Händen, eine optimale Raumausnutzung in den Waggons zu erreichen.

2 a. + b.
Um den Ablauf schnell und reibungslos zu gestalten, wird vom Bahnpersonal alles getan.
Anstatt alles dem Zufall zu überlassen, weisen Metroangestellte auf den vollen Bahnsteigen den Pendlern den Weg in die Waggons.

3 Der Warm-upper „wärmt" das Publikum einer Sendung auf, um es zum fleißigen Applaudieren zu bewegen.
Anstatt den Applaus dem Zufall zu überlassen, macht der Warm-upper auf die Applaus-Momente aufmerksam.

4 *Folgende Sätze könntest du aufgeschrieben haben:*
Die U-Bahn befördert in Japan eine große Zahl an Fahrgästen, wobei es zu wenig Verspätungen kommt.
Es wird vom Bahnpersonal alles getan, damit der Ablauf schnell und reibungslos gestaltet wird.
Auf den vollen Bahnsteigen weisen Metroangestellte den Pendlern den Weg in die Waggons, weil sie nicht alles dem Zufall überlassen wollen.
Sogenannte Oshiyas (Drücker) versuchen mit den Händen so zu pressen, dass eine optimale Raumausnutzung in den Waggons erreicht wird.

Seite 101

2 Bevor ich die erste Kochshow gesehen hatte, dachte ich, anderen beim Kochen zuschauen sei langweilig. Jetzt bin ich ein großer Fan von Kochsendungen, weil ich richtig Spaß dabei habe.
Nachdem ich selbst angefangen habe zu kochen, kann ich bei den Kochthemen mitreden.
Oft bekomme ich beim Zuschauen gute Tipps für meine eigenen Gerichte, sodass ich sie gleich nachkoche.
Das Verb steht im Nebensatz immer an letzter Stelle.

3 a. Bevor ich die erste Kochshow gesehen hatte, dachte ich, anderen beim Kochen zuschauen sei langweilig.
Nachdem ich selbst angefangen habe zu kochen, kann ich bei den Kochthemen mitreden.

b. + c.

Was ist früher passiert?	Was passiert jetzt?
Ich finde anderen beim Kochen zuschauen langweilig.	Ich sehe die erste Kochshow.
Ich fange selbst an zu kochen.	Ich kann bei Kochthemen mitreden.

In Hauptsätzen steht das Verb immer an zweiter Stelle.

4 Nachdem ich selbst angefangen habe zu kochen, kann ich bei den Kochthemen mitreden. (Perfekt, Präsens)

Seite 102

1 a. + b. Subjektsätze (rot markiert), *Objektsätze (grün markiert)*
Viele Menschen bezweifeln, *dass ein Job mit der Bezeichnung „Golfballtaucher" existiert.*
Aber es ist notwendig, dass fehlgeschlagene Bälle aus den Gewässern eines Golfplatzes geborgen werden.
An Bläschen auf der Oberfläche erkennt man, *dass auf dem Grund des Gewässers ein Taucher arbeitet.*
Dass auch Golfballtaucher die Vorsichtsregeln beachten, versteht sich von selbst.

2 Durch die Bildung von dass-Sätzen kann man Nominalisierungen vermeiden.

3 a. + b.
Fensterputzer im Haifischbecken
Da die Fensterflächen in einem Haifischbecken von Muscheln und Algen zugesetzt werden, müssen sie regelmäßig gereinigt werden.
Sobald es so weit ist, steigen Fensterputzer in das Bassin, um die Scheiben zu säubern. Dabei gehen sie sehr vorsichtig vor.
Während der eine putzt, beobachtet der andere die Haie.
Die Taucher mit ihrer schweren Ausrüstung müssen sehr wachsam sein, *weil* die Haie sehr viel wendiger als sie selbst sind.
Die Tiere kommen den Menschen manchmal recht nah. Sie wollen ihre Neugier befriedigen, *indem* sie die Menschen aufspüren.
Um die Gefahr zu verringern, werden die Tiere gefüttert, *bevor* die Putzer mit der Reinigung der Scheiben beginnen. Für Notfälle hat jede/r „Haifischbecker-Fensterputzer" einen Stock, mit dem er die Meeresräuber abwehren kann.

Seite 103

1 a. + b. Durch Kokosnüsse, die von Bäumen herabfallen, sterben jährlich mehr Menschen, als man denkt.
Bei diesem Beruf handelt es sich um einen Job, der Menschen buchstäblich auf die Palme bringt.
Kokosnusshüter klettern nämlich täglich mehrmals auf die Palmen, die dicht mit reifen Früchten behängt sind.

2 Die aufmerksamen Kokosnusshüter sorgen dafür, dass niemand verletzt wird.
Die reifen Kokosnüsse werden nämlich von den Aufpassern geerntet, bevor sie herabfallen können.

3 Die Kokosnusshüter sind sehr aufmerksam, um die Menschen zu schützen.
Sie holen die Kokosnüsse von den Bäumen, anstatt auf das Herunterfallen zu warten.

Doppel-Klick

Arbeitsheft Deutsch 10

Mittelschule Bayern

Schreiben
Mit Texten umgehen
Rechtschreiben
Grammatik

Cornelsen

Inhaltsverzeichnis

Rechtschreiben

Rechtschreibstrategien und Regeln

Grammatik

Der Textknacker

Einen Sachtext mit Grafik erschließen

Arbeitstechnik: Einen Sachtext mit dem Textknacker lesen

1. Schritt: Vor dem Lesen
Du siehst dir den **Text als Ganzes** an.
- Was weißt du schon über das **Thema**?
- Was erzählen dir die **Bilder** und die **Überschrift**?
- Worum könnte es gehen?

2. Schritt: Das erste Lesen
Du **überfliegst** den Text **oder liest** ihn **einmal** durch.
- Was fällt dir auf?
- Worum geht es?
- Ist der Text für deine Fragestellung oder deinen Arbeitsauftrag geeignet?

3. Schritt: Den Text genau lesen
Du achtest auf:
- die **Überschrift**
- die **Absätze**
- die **Schlüsselwörter**
- **unbekannte Wörter**

4. Schritt: Nach dem Lesen
Du **arbeitest mit dem Inhalt** des Textes.
- Du arbeitest mit deinen Arbeitsergebnissen aus dem 2. und dem 3. Schritt weiter.
- Du prüfst, ob die Informationen für deine Fragestellung oder deinen Arbeitsauftrag ausreichen.
- Du erfüllst deinen Arbeitsauftrag.

Die Erschließung eines Sachtextes kann Teil deiner Abschlussprüfung sein. Hier übst du noch einmal, mit dem Textknacker den Sachtext und die Grafik zum Thema Wostoksee in der Antarktis Schritt für Schritt zu knacken.

1. Schritt: Vor dem Lesen

1 Was weißt du bereits über die Antarktis? Sammle alles, was du dazu schon weißt, in einem Cluster in deinem Heft oder auf einem separaten Blatt.

Starthilfe

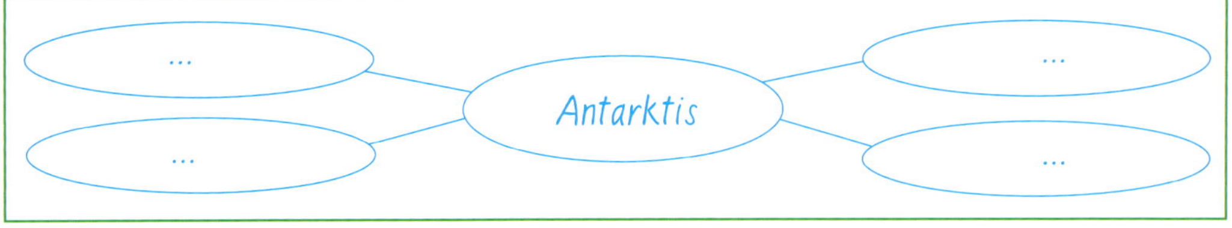

2 **a.** Lies die Überschrift des Textes auf Seite 5 und sieh dir die Bilder an.
b. Worum geht es in dem Text vermutlich? Schreibe es auf.

2. Schritt: Das erste Lesen

3 **a.** Überfliege die Materialien 1,2 und 3 zum Thema „Der Wostoksee unter der Antarktis“.

b. Welche Wörter oder Wortgruppen sind dir beim Überfliegen aufgefallen? Schreibe sie in dein Heft oder auf ein separates Blatt.

c. Überprüfe deine Vermutung aus Aufgabe 2b und ergänze sie, falls das nötig ist.

Material 1

Russen bohren Riesensee unter dem ewigen Eis an   Christoph Seidler

Russische Forscher haben nach jahrelanger Arbeit offenbar den Wostoksee unter dem Eispanzer der Antarktis angebohrt. Das gigantische Wasserreservoir hatte vermutlich seit Hunderttausenden Jahren keinen Kontakt zur Außenwelt – und könnte bizarre Lebensformen beherbergen.

1 ______________________________

Die Party findet wohl auf der „Akademik Fjodorow“ statt. Das russische Forschungsschiff liegt derzeit vor der Küste der Antarktis; es soll ein Forscherteam an Bord nehmen, das womöglich Geschichte geschrieben hat. Offenbar ist es Wissenschaftlern der 57. russischen Antarktis-Expedition jetzt gelungen, einen riesigen subglazialen[1] See anzubohren. Und weil das Thermometer an der russischen Antarktis-Station „Wostok“ dieser Tage zwischen minus 38 und minus 46 Grad schwankt, sich dazu die Polarnacht unerbittlich nähert, hat sich der größte Teil des Trupps anschließend sofort auf die Heimreise gemacht. Der Wostoksee liegt fast vier Kilometer unter dem Eispanzer der Ostantarktis. Der Druck des Eises und die Erdwärme halten das gigantische Süßwasserreservoir flüssig. Jahrelang hatten sich die Russen mit der Bohrung an einem der ungemütlichsten Plätze des Planeten geplagt. Die Nachrichtenagentur RIA Novosti führt nun einen namentlich nicht genannten Mitarbeiter aus dem Dienst für Hydrometeorologie und Umweltmonitoring (Rosgidromet) als Quelle für die Erfolgsmeldung an. Das Bohrloch ist demnach 3 768 Meter tief. […]

2 ______________________________

Wostok war der erste See, der unter dem Eispanzer der Antarktis aufgespürt wurde. Radarmessungen in den Jahren 1959 und 1964 hatten den Forscher Andrej Kapitsa auf die Spur des 250 Kilometer langen und 50 Kilometer breiten Gewässers gebracht. Der See könnte faszinierende Geheimnisse beherbergen – schließlich hatte sein Wasser seit Hunderttausenden, wahrscheinlich sogar Millionen von Jahren keinen Kontakt nach oben. Deswegen sind Forscher besonders interessiert an Mikroorganismen, die sich in der frostigen, stickstoff- und sauerstoffreichen Umgebung behauptet haben könnten – bei immensem Druck und minimalem Nährstoffangebot. Ob sich die gesuchten Seebewohner tatsächlich in den obersten Schichten der Wassersäule finden und nicht doch eher tief unten im Sediment, steht auf einem anderen Blatt. Klar ist: Die Konsequenzen einer Entdeckung wären weit reichend, nicht zuletzt für Astrobiologen: Wenn es in der antarktischen Tiefe Leben gibt, warum dann nicht auch unter dem Eispanzer des Saturnmonds Enceladus oder des Jupitermonds Europa?

1 subglazial: unter dem Eis

3

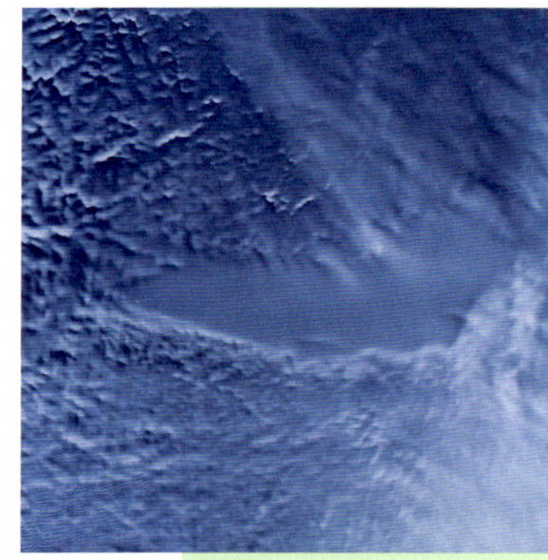

Doch gleichzeitig war die Bohrung auch genau deswegen umstritten. Hatten die Russen tatsächlich alles ihnen Mögliche getan, um eine Verunreinigung des Sees durch Mikroorganismen und Chemikalien von außen zu verhindern? Schon die kleinste Kontamination[2] würde die Messungen unbrauchbar machen. Wissenschaftler und Umweltschützer äußerten sich deswegen kritisch. [...] Wegen der internationalen Kritik war eine erste Bohrung am Wostoksee im Jahr 1998 gestoppt worden – in 3 623 Metern Tiefe. Das Bohrloch wurde damals mit Tonnen von Kerosin[3] und Kühlmitteln vor dem Zufrieren geschützt. Und die wären beim Anbohren möglicherweise ins Wasser geströmt. Im Jahr 2005 wurde deswegen mit etwas geänderten Plänen weitergebohrt: Die Russen ersetzten zumindest im unteren Teil des Bohrlochs das Kerosin durch steriles[4] Silikonöl. Außerdem versprachen sie, den See zunächst nur so weit anzubohren, dass Wasser aus seinem Inneren im Bohrloch aufsteigt und dort festfriert. Die so entstehenden Eiskerne sollen nach Angaben von RIA Novosti nun im kommenden Südsommer geborgen werden. Kurzfristige Schlagzeilen zu wundersamen Seebewohnern sind also eher nicht zu erwarten. [...]

Material 2

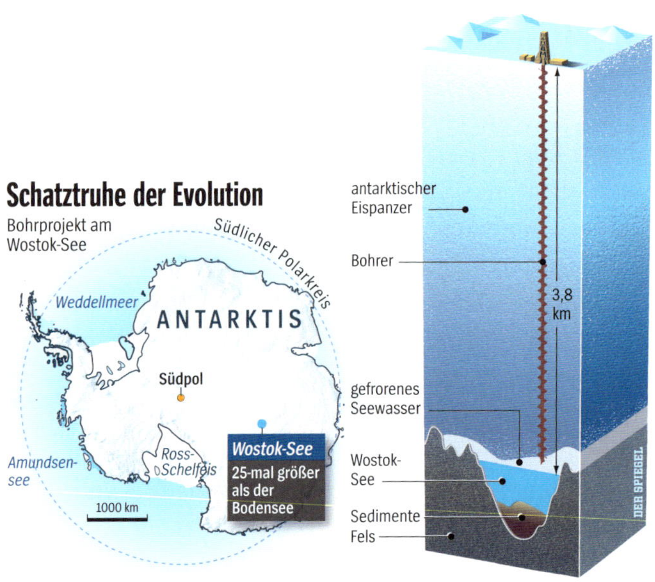

Material 3

Wimmelndes Leben im antarktischen Lake Vostok scinexx

4

[...] Ob und was im Wasser des Sees heute noch lebt, war bisher weitgehend unbekannt, da bisher aus Angst vor einer möglichen Kontamination des Sees keine Proben flüssigen Seewassers gezogen wurden. In den letzten Jahren haben Forschergruppen aber Bohrungen bis knapp oberhalb des Wasserspiegels durchgeführt und so erste Proben von gefrorenem Seewasser aus dieser Grenzschicht gewonnen. Denn dort, wo das kalte Gletschereis mit dem Seewasser in Berührung kommt, gefriert dieses und lagert sich so an die Unterseite des Gletschereises an.

Vier Proben aus einer solchen Bohrung haben Scott Rogers von der Bowling Green State University in Ohio und seine Kollegen in zweijähriger Arbeit nun analysiert. Die Proben

2 die Kontamination: die Verunreinigung

3 das Kerosin: Sammelbegriff für flüssige Kraftstoffarten

4 steril: frei von jeglichen Mikroorganismen

stammen aus 3 563 bis 3 621 Metern Tiefe und stammen damit aus dem Eis, das aus Seewasser entstanden ist. Um mögliche Bewohner des Sees zu identifizieren, entschlüsselten die Forscher im Eis enthaltene DNA- und RNA-Sequenzen[1] und bestimmten über sie die im Wasser vorkommenden Organismen.

5 ______________________________

Das überraschende Ergebnis: Statt einer spärlichen, artenarmen Lebenswelt fanden die Forscher das Erbgut von tausenden verschiedenen Organismen. Die meisten von ihnen – 94 Prozent – gehörten zu den Bakterien, es waren aber auch Pilze und Vertreter der Archaeen darunter, einer sehr ursprünglichen Gruppe von Einzellern. Das sei sehr viel mehr als erwartet. „Das zeigt, wie Organismen selbst an Orten überleben können, die wir früher für absolut lebensfeindlich hielten", so Rogers. „Die Grenzen dessen, was als habitabel gilt und was nicht, verschieben sich immer weiter."
Unter den zahlreichen Mikroben des Sees sind sowohl Vertreter von Süßwasserarten als auch von normalerweise im Ozean vorkommenden Bakterien. Nach Ansicht der Forscher deutet das darauf hin, dass der Lake Vostok einst eine direkte Verbindung zum Südpolarmeer besaß. Sein Wasser war vielleicht ursprünglich sogar salzig und wurde erst durch schmelzendes Eis des über ihm liegenden Gletschers nach und nach süßer. Neben vielen kälteangepassten Bakterien und Archaeen identifizierten die Wissenschaftler auch Vertreter hitzeangepasster Spezies. Das spricht möglicherweise dafür, dass hydrothermale Schlote am Seegrund existieren, die warmes Wasser abgeben.

6 ______________________________

Und noch etwas enthüllten die Ergebnisse: Viele der im Eis identifizierten Bakterienarten kommen normalerweise in enger Gemeinschaft mit vielzelligen Tieren vor: Man habe bakterielle Sequenzen von Kommensalen[2] und Parasiten gefunden, die sonst in verschiedenen Krebsen, Würmern, mit Seeanemonen[3], aber auch in und an Fischen leben. Hinzu kommt, dass einige der analysierten DNA-Bruchstücke sogar direkt von solchen höheren Tieren stammen könnten.
„Das führt zu der vorsichtigen Schlussfolgerung, dass es zumindest einige mehrzellige, komplexe Tiere im See geben könnte", sagen die Forscher. Zwar sei es theoretisch auch möglich, dass einige der DNA-Sequenzen durch Kontamination in die Proben gelangt seien. „Aber angesichts der großen Menge und Vielfalt der Sequenzen ist es nur schwer vorzustellen, dass sie alle aus Verunreinigungen des Eises stammen sollen", konstatieren Rogers und seine Kollegen.

3. Schritt: Den Text genau lesen

Absätze gliedern den Text.

4 Lies die Texte (Material 1 und 3) noch einmal genau – Absatz für Absatz.

Schlüsselwörter sind für das Verstehen besonders wichtig.

5 Schreibe zu den Absätzen 1 bis 3 die Schlüsselwörter in dein Heft oder auf ein separates Blatt.
Tipp: Im ersten Absatz sind die Schlüsselwörter schon hervorgehoben.

1 DNA- und RNA-Sequenzen: beinhalten und transportieren die Erbgutinformationen eines Lebewesens

2 das Kommensale: im Gegensatz zum Parasiten - ein Lebewesen, das sich von den Nahrungsrückständen eines Wirtsorganismus ernährt, ohne ihn zu schädigen

3 die Seeanemone: im Meer lebende Tierart, die wie eine Pflanze aussieht

6 Schreibe die Schlüsselwörter von Absatz 4 bis 6 in dein Heft oder auf ein separates Blatt.

7 Schreibe passende Zwischenüberschriften auf die Linien über den Absätzen.
a. Ordne den Absätzen 1 bis 3 die Zwischenüberschriften zu.
b. Schreibe über die Absätze 4 bis 6 eine eigene passende Überschrift.

Gefahren bei der Bohrung — Anbohren des Wostoksees gelungen — Gibt es Leben tief unten in der Antarktis?

Kläre unbekannte Wörter, damit du den Text verstehst.

8 **a.** Lies die Worterklärungen unter dem Text.
b. Kläre unbekannte Wörter aus dem Textzusammenhang.
c. Schlage Wörter, die du nicht aus dem Zusammenhang klären kannst, im Wörterbuch oder in einem Lexikon nach.
d. Schreibe die Wörter und ihre Erklärungen in dein Heft oder auf dein Blatt.

Die Grafiken (Material 2) geben zusätzliche Informationen zu den Sachtexten.

9 Sieh dir die Grafiken auf Seite 6 genau an. Was wird darin dargestellt? Beantworte die folgenden Fragen zu den Grafiken in Stichworten.

- Wie lauten die Titel der beiden Grafiken?

- Was zeigen die Bildelemente der Grafiken?

10 Welche zwei Fragen beantworten die Grafiken? Schreibe einen Satz auf.
Tipp: Beachte die Titel der Grafiken.

Die Grafiken informieren über

11 **a.** Informiere dich in den Grafiken über den Aufbau der Schichten unter und über dem Wostoksee.
b. Wo könnten Forscher/-innen interessante Entdeckungen über die Evolution machen? Schreibe deine Antwort und die Begründung auf.

12 Beantworte die folgenden W-Fragen zu den Sachtexten und zu den Grafiken. Schreibe Stichworte auf.

1. Wer oder was ist die „Akademik Fjodorow“?

2. Weshalb fand auf der „Akademik Fjodorow“ vermutlich eine Party statt?

3. Unter welchen klimatischen Bedingungen fand die Bohrung statt?

4. Welche Gefahren sind mit den verwendeten Frostschutzmitteln verbunden?

5. Wie wurde beim Bohrstopp 1998 das Zufrieren des Bohrlochs verhindert?

6. Welche Fläche umfasst der Wostoksee?

7. Wo liegt der Wostoksee genau?

8. Wie verhält sich die Fläche des Wostoksees zur Fläche des Bodensees?

9. Wieso wird bei den Bohrungen bis knapp über dem Wasserspiegel des Sees gebohrt?

10. Was haben die Forscher/-innen genau untersucht, um etwas über mögliche Lebewesen im See zu erfahren?

11. Welche Arten von Organismen fanden die Forscher/-innen bei ihren Untersuchungen?

12. Welche Rückschlüsse zogen die Forscher/-innen aus der Tatsache, dass sie sowohl Süßwasser- als auch Salzwasserlebewesen nachweisen konnten?

13. Es wurden auch Lebewesen gefunden, die an Hitze angepasst sind. Welche Vermutungen haben die Forscher/-innen dazu?

13 Betrachte die Gefahren beim Anbohren des Wostoksees genauer (Seite 6, Absatz 3).
Schreibe weitere Fragen dazu in dein Heft.
Du kannst die Wörter vom Rand verwenden.

Umweltschäden
Forschungsergebnisse
in Gefahr

4. Schritt: Nach dem Lesen

Nun kannst du die wichtigsten Informationen der Materialien verständlich zusammenfassen.

14 Schreibe in vollständigen Sätzen eine geordnete Zusammenfassung der Materialien auf den Seiten 5 bis 7. Verwende dazu deine Antworten aus Aufgabe 12 von Seite 9.

a. Informiere in der Einleitung über den Titel der Materialien und über das Thema.

b. Fasse im Hauptteil die wichtigsten Informationen aus den Sachtexten und den Grafiken in eigenen Worten zusammen. Achte dabei auf passende Verknüpfungen.

Sprachspeicher
Zunächst wird dargestellt, ...
Daran anknüpfend informiert der Text über ...
Weiterhin erfährt man ...

c. Bewerte im Schlussteil die Materialien und begründe deine Bewertung kurz.
Tipp: Schreibe im Präsens.

Sprachspeicher
Durch den Text habe ich erfahren, ...
... habe ich erkannt, ...
... ist mir bewusst geworden, ...

Einen Sachtext mit Grafik verstehen

Du kannst hier testen, wie gut du schon Sachtexte knacken kannst.

1 Lies den Text mit Hilfe des Textknackers.

Textknacker ► S. 4

Weltweit erwärmen sich die Permafrostböden Alexandra Klockau

[…] Rund ein Sechstel der gesamten Erdoberfläche gilt als Permafrostgebiet. Es zeichnet sich dadurch aus, dass der Boden dort mindestens zwei Jahre lang dauerhaft gefroren ist. Oft steckt die Kälte in solchen Regionen schon seit Jahrtausenden im Erdreich, sodass der Dauerfrost bis in eine Tiefe von mehreren hundert Metern, im Extremfall mehr als eineinhalb Kilometer tief, reichen kann. Mit der Erderwärmung steigen jedoch auch im Untergrund die Temperaturen.

Eine globale Vergleichsstudie des internationalen Permafrost-Netzwerks GTN-P (Global Terrestrial Network for Permafrost), an der auch das Alfred-Wegener-Institut (AWI) maßgeblich beteiligt ist, zeigt, dass in allen Gebieten mit Dauerfrostboden die Temperatur in mehr als zehn Metern Tiefe im Zeitraum von 2007 bis 2016 um durchschnittlich 0,3 Grad Celsius gestiegen ist. Beobachtet wurden die Arktis ebenso wie die Antarktis, aber auch die Hochgebirge Zentralasiens und sogar die Alpen. […]

Besonders hoch fiel die Erwärmung in Sibirien aus: Dort erwärmte sich der gefrorene Boden an einzelnen Bohrlöchern um 0,9 Grad Celsius. In Bohrlöchern in der Antarktis verzeichneten die Forscher einen Anstieg um 0,37 Grad Celsius. Eine deutliche Erwärmung konnten die Forscher auch in den Permafrostgebieten der Hochgebirge feststellen: Die Temperatur der dauerhaft gefrorenen Böden im Himalaya, in den nordischen Gebirgen und in den Alpen stieg im Mittel um 0,19 Grad Celsius. […]

Wie es im Inneren des Permafrostbodens aussieht, ob er sich bereits erwärmt hat oder gar zu tauen begonnen hat, ist nicht nur für Forscher wichtig zu wissen. In den Permafrostböden sind Überreste von Pflanzen und Tieren konserviert. Taut das organische Material auf, wird es von Mikroorganismen zersetzt. Kohlendioxid und Methan werden freigesetzt, die als Treibhausgase den Treibhauseffekt verstärken und die Erderwärmung vorantreiben. Methan sogar 25-mal so stark wie Kohlendioxid. […]

Im Permafrostboden sind jedoch auch Umweltgifte eingelagert – zum Beispiel große Mengen an Quecksilber. Im gasförmigen Zustand gelangen sie mit Luftströmungen an die Pole, landen dort am Boden und frieren fest. Taut der Boden auf, gelangen die Giftstoffe in die Umwelt und in die Nahrungskette. Hinzu kommt, dass die Menschen vor Ort buchstäblich den Boden unter den Füßen verlieren: Vor allem in der Arktis wurden auf dem Dauerfrostboden Häuser, Straßen, Flughäfen und Pipelines errichtet. Wenn sich der Boden erwärmt, kann er wegsacken und die Bauten mitreißen. […]

Nun kannst du prüfen, wie gut du den Text und die Grafik verstehst.

2 a. Kreuze an, ob die folgenden Aussagen richtig oder falsch sind.
b. Notiere jeweils die entsprechende Zeilenangabe in der rechten Spalte.
c. Wenn du eine Aussage in der Grafik gefunden hast, schreibe in die rechte Spalte ein **G.**

Aussagen zum Text	richtig	falsch	Zeile/Grafik
1. Permafrostboden entsteht bei sehr niedrigen Temperaturen.	☐	☐	
2. Permafrostböden gibt es nur in der Antarktis.	☐	☐	
3. Die Temperaturen steigen auch in den bisher sehr kalten Regionen wie Nord- und Südpol an.	☐	☐	
4. Permafrostboden taut immer mal wieder auf und gefriert dann wieder.	☐	☐	
5. Permafrostboden kann man auch Dauerfrostboden nennen.	☐	☐	
6. Mit dem Auftauen des Bodens gelangen giftige Stoffe an die Luft.	☐	☐	
7. Das Auftauen des Permafrostbodens erhöht die Erderwärmung weiter.	☐	☐	
8. Starke Sonneneinstrahlung bewirkt ein Auftauen des Permafrostbodens.	☐	☐	
9. Die gefrorenen Schichten der Permafrostböden bleiben unter der Erde unberührt.	☐	☐	
10. Wenn es an einer Stelle anfängt zu tauen, bildet sich Wasser.	☐	☐	
11. Ein See kann ein Anzeichen dafür sein, dass Permafrostboden auftaut.	☐	☐	
12. Der aufgetaute Boden ruckelt sich von selbst wieder zurecht.	☐	☐	
13. Wenn Permafrostboden auftaut, kann es zu Erdrutschen kommen.	☐	☐	
14. Gebäude, die auf Permafrost gebaut sind, sind aufgrund der eisigen Basis sehr stabil.	☐	☐	

Wie gut verstehst du den Text und die Grafik? Werte dein Ergebnis aus.

3 Vergleiche deine Antworten aus Aufgabe 2 mit dem Lösungsteil. Dort kannst du ablesen, wie gut du schon Texte und Grafiken lesen und verstehen kannst.

☐ / 14 Punkte

Auswertung ▶ **Lösungsheft**

Einen informierenden Text schreiben

Arbeitstechnik: Einen informierenden Text schreiben

1. Schritt: Den Text planen
- Über welches Thema möchtest du informieren? Sammle Informationen.
- Überlege: Wen möchtest du mit deinem Text informieren?
- Welche Informationen könnten interessant sein? Schreibe Stichworte auf.
- Ordne deine Informationen und schreibe eine Gliederung.

2. Schritt: Den Text schreiben
- Finde eine passende Überschrift.
- Formuliere eine Einleitung, die zum Weiterlesen anregt.
- Schreibe im Hauptteil einfache und klare Sätze. Verwende die nötigen Fachbegriffe.
- Lass unwichtige Informationen weg. Schreibe sachlich.
- Schreibe zum Schluss einen zusammenfassenden Satz.

3. Schritt: Den Text überarbeiten
- Überprüfe deinen Text. Verwende Checklisten.
- Überarbeite den Text. Achte auch auf die Rechtschreibung.

Im Rahmen eines Schulprojekts setzt ihr euch mit dem Thema Nachhaltigkeit[1] auseinander. Wirkungsvolle Beispiele aus verschiedenen Bereichen sollen Schülerinnen und Schülern sowie interessierten Eltern vorgestellt werden.

1 Lies die folgende Aufgabe genau. Sie nennt dir dein Thema.

> Schreibe für das Schulprojekt einen informierenden Text zum Thema „Earthship[2] – ein Beispiel für die Wiederverwendung von Abfallmaterialien". Dein Text richtet sich an Jugendliche und Erwachsene. Sie sollen die Idee der Earthships verstehen. Verwende für deinen Text Informationen aus den vorliegenden Materialien.
>
> - Beschreibe dein Thema und das Ziel deines Textes.
> - Erkläre, was man unter einem Earthship versteht (Erläuterung des Namens, Erfinder, Bauarten).
> - Verdeutliche an drei Beispielen, inwiefern die Bauweise eines Earthships nachhaltig ist.

2 Was fordert die Aufgabe von dir? Vervollständige den Lückentext.

Für das Schulprojekt soll ich einen ______________________ zum Thema „Earthship" schreiben. Der Text soll sich an ______________________ ______________________ richten, damit sie sich ein genaueres Bild von dem Thema machen können. Für den Text kann ich die ______________________ aus den vorliegenden Materialien verwenden.

informierenden Text
Erfinder
Jugendliche und Erwachsene
Beispielen
Informationen
Earthships
Thema
Ziel
Name
Bauarten
nachhaltig

1 die Nachhaltigkeit: Lebensweise, die zum Ziel hat, dass zukünftige Generationen auch noch so gut leben können wie die Menschen heute
2 das Earthship: ein Gebäude aus recyceltem Material

Ich beschreibe zunächst mein ___ und das ___ des Textes. Als Nächstes erkläre ich, was ___ sind. Dabei muss ich erläutern, was der ___ bedeutet, wer der ___ ist und welche ___ es gibt. Mit Hilfe von drei ___ muss ich verdeutlichen, was an der Bauweise eines Earthships ___ ist.

informierenden Text
Erfinder
Jugendliche und Erwachsene
Beispielen
Informationen
Earthships
Thema
Ziel
Name
Bauarten
nachhaltig

3 Schreibe auf, wen du mit deinem Text informieren willst und mit welchem Ziel du schreibst.

___

Das Material auswerten

In den folgenden Materialien findest du wichtige Informationen für deinen Text.

Interview: Ferien in einem Earthship (Material 1)

Kai: Also, ihr wart in den Ferien in einem Öko-Haus in Frankreich?

Lilly: Ja, das war toll! Wir wohnten in einem der wenigen Earthships, die es bisher in Europa gibt.

Kai: Und was ist daran „öko"?

Lilly: Na ja, für den Bau werden hauptsächlich Abfallstoffe verwendet, die es überall auf der Welt in Mengen gibt. Die Wände bestehen aus alten Autoreifen, aus Dosen und Plastikflaschen. Der Müll wird weiter genutzt.

Kai: Ist es denn schwierig, solche Häuser zu bauen?

Lilly: Eben nicht! Der Bau dieser Häuser ist nicht nur billiger, sondern man kann sie mit etwas handwerklichem Geschick sogar selbst bauen.

Kai: Woher kommt der Name? Earthship heißt „Erdschiff", oder?

Lilly: Ja genau, die Häuser nutzen die natürliche Erdwärme[1]. Sie werden so gebaut, dass sie an drei Seiten von Erdwällen umschlossen sind. Das isoliert das Haus. Und genau wie Schiffe haben Earthships eine unabhängige Strom- und Wasserversorgung, weil sie Sonnen- oder Windenergie nutzen und Regenwasser auffangen und aufbereiten.

Kai: Und wie sieht es drinnen aus?

Lilly: Es gibt Schlafzimmer, Küche, Wohnraum, Bad – das ist wie sonst auch. Ungewohnt ist, dass es nur zur Südseite Glasfenster gibt. Die sind allerdings riesig! Dort wachsen in einem großen Wintergarten Gemüse und Obst. So werden im Haus sogar Lebensmittel produziert.

Kai: Das hört sich echt spannend an, vielen Dank für das Gespräch!

1 die Erdwärme: die Wärme, die in der Erde gespeichert ist

Earthships – sogar erdbebensicher (Material 2)

Der Architekt Mike Reynolds hatte die Idee, alte Reifen als Baustoff für seine „Earthships" zu nutzen. Bis zu 5000 Reifen verbaut er in einem Haus. Drei Seiten bestehen aus Autoreifen, die mit Erde oder Sand gefüllt sind. Diese werden zu Wänden aufgeschichtet, die das Dach tragen. Die Südseite eines Earthships ist fast vollständig verglast; die Sonne heizt die Räume auf. Hinter den Glasscheiben finden Pflanzen ideale Bedingungen zum Wachsen, wie in einem Gewächshaus. Im Winter wird die Erdwärme genutzt, um das Haus warm zu halten.

Für die Wasserversorgung wird auf der Dachfläche Regenwasser gesammelt und in Behältern gespeichert. Das Regenwasser wird mehrmals gefiltert und dient als Trink- oder Spülwasser und zum Wässern des Pflanzenbeets.

Solarzellen[1] auf dem Dach erzeugen den Strom für das Haus, der in Batterien gespeichert wird. Manche Earthships haben zusätzlich ein Windrad. Mike Reynolds hat in den USA bereits mehr als 1000 Earthships gebaut.

Im Jahr 2010 wurde Haiti von einem besonders schweren Erdbeben erschüttert. Mehrere Hunderttausend Menschen verloren ihr Leben, fast zwei Millionen ihre Wohnung. Mike Reynolds wollte helfen. Er organisierte einheimische Bautrupps, mit denen er innerhalb von vier Tagen ein Earthship aufstellte.

Wegen der besonderen Bauweise gelten diese Häuser als erdbebensicher.

1 die Solarzelle: das Bauelement, das Sonnenenergie in elektrische Energie umwandelt

Design[1] mit Autoreifen (Material 3)

Dass Autoreifen alles andere als wertloser Abfall sind, haben inzwischen auch Möbeldesigner entdeckt. Ihre Entwürfe wirken so edel, dass niemand mehr an Müll denkt. Es gibt originelle Sitzmöbel, Ablagetische oder aufwendige Dekorationsobjekte wie Skulpturen[2] aus zerschnittenen Reifen.

Auch Ladenausstatter kommen auf interessante Ideen und bauen z. B. Vitrinen[3] aus Reifen. Kinder freuen sich über Kletterfiguren oder über Schaukeln, Wippen, Klettertürme.

Eine überzeugend einfache Lösung für Fahrradständer liefern mehrere Autoreifen, die nah nebeneinander zur Hälfte in die Erde versenkt werden. Autoreifen werden zu Pflanzgefäßen, zur Trennwand oder zur Bank, der Fantasie sind kaum Grenzen gesetzt.

1 das Design: die Gestaltung

2 die Skulptur: ein Kunstwerk in Form einer Figur

3 die Vitrine: ein verglastes Regal

Der Bauplan und das Versorgungssystem eines Earthships (Material 4)

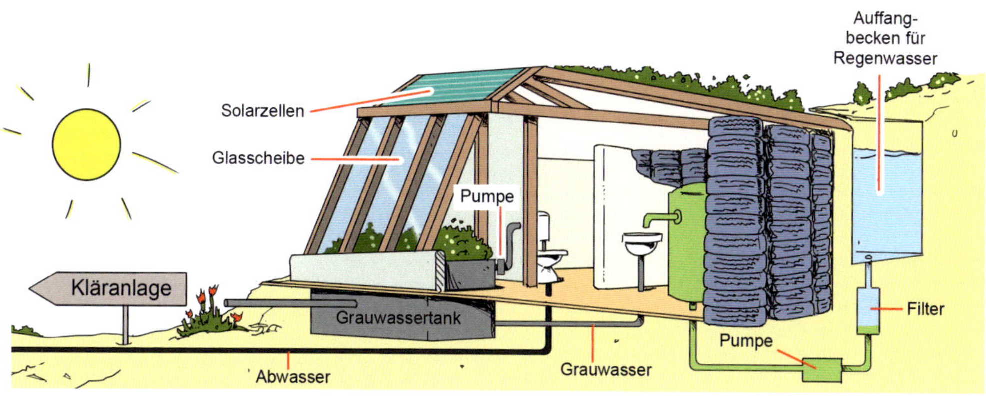

Strenge Vorschriften für die Gesundheit (Material 5)

Unterschiedliche Wasserqualitäten haben auch unterschiedliche Namen: Trinkwasser, Grauwasser, Brauchwasser, Schwarzwasser. Das hängt mit strengen Vorschriften zusammen, die in Deutschland und auch in anderen europäischen Ländern für den Umgang mit Wasser bestehen.

Wasser ist ein wichtiges Lebensmittel. Deshalb erwarten wir von Trinkwasser, dass es frei von Verunreinigungen und Mikroorganismen ist, sodass wir es unbedenklich genießen können. Auch für die Bewohner eines Earthships muss es in dieser Qualität zur Verfügung stehen, denn auch dort braucht man es nicht nur zum Trinken, sondern auch zum Kochen, zur Körperpflege oder zur Reinigung von Gegenständen, insbesondere auch solchen, die mit der Zubereitung und dem Verzehr der Nahrung zusammenhängen.

Gewonnen wird das Trinkwasser aus Oberflächenwasser, z. B. Flüssen und Seen, oder aus dem Grundwasser. Die Entnahmestellen des Wassers, das zu Trinkwasser aufbereitet werden soll, befinden sich in ausgedehnten Trinkwasserschutzgebieten. Trinkwasser muss von den Versorgungsbetrieben über ein eigens dafür eingerichtetes Versorgungsnetz zur Verfügung gestellt werden. So wird gewährleistet, dass Qualität und Reinheit immer gleich bleiben und dass man es unbedenklich genießen kann. In Deutschland dürfen deshalb Earthships nur dort gebaut werden, wo ein Anschluss an das öffentliche Trinkwassernetz möglich ist. Das ist zum Beispiel in der Earthship-Anlage in der Nähe von Schwäbisch-Hall in Baden-Württemberg der Fall. In Bayern sucht eine Gruppe Interessierter nach einem passenden Baugrund in der Nähe von Erlangen. In Ausnahmefällen kann in Earthships das Trinkwasser aber auch aus Brunnen entnommen werden, wenn eine Trinkwasseraufbereitungsanlage vorhanden ist. Die ist aber sehr kosten- und wartungsintensiv. Das trifft auch auf Regenwasser zu, wenn es zu Trinkwasser aufbereitet werden soll.

Das für die Körperpflege oder die Reinigung von Gegenständen benutzte Trinkwasser wird als Grauwasser entsorgt. Eine Besonderheit ist, dass Grauwasser, wenn es entsprechend aufbereitet wird, wieder als Brauchwasser genutzt werden kann, z. B. für die Toilettenspülung oder für die Bewässerung des Gartens. Auch aufgefangenes Regenwasser kann dementsprechend als Grauwasser genutzt werden. Grauwasser aufzubereiten und es dann als Brauchwasser wieder zu nutzen, würde im Sinne der Nachhaltigkeit den Verbrauch von Frischwasser beträchtlich senken. Für die Trinkwasseraufbereitung ist Grauwasser aber nicht mehr geeignet und deshalb darf es auch mit diesem nicht in Berührung kommen. Damit Grauwasser nicht versehentlich als Trinkwasser genutzt wird, müssen die Entnahmestellen für Grauwasser gekennzeichnet sein. Schilder mit der Aufschrift „Kein Trinkwasser" weisen darauf hin. Grauwasser darf auch nicht mit fäkalienhaltigem Schwarzwasser in Berührung kommen. Dann kann man es nicht mehr als Brauchwasser aufbereiten. Man benötigt also auch in einem Earthship zwei voneinander getrennte Entsorgungssysteme, eines für Grauwasser und eines für Schwarzwasser. Schwarzwasser darf in Deutschland nur über die Kanalisation in Kläranlagen entsorgt werden. Auch das gilt es beim Bau von Earthships zu beachten. Möglich ist allerdings auch, es in geschlossene Abwassertanks einzuleiten und diese von Zeit zu Zeit abpumpen zu lassen, damit es in zentrale Kläranlagen gelangen kann.

Diese strengen Vorschriften sind notwendig, um den Ausbruch von Krankheiten und Epidemien zu verhindern und die Gesundheit der Menschen nicht zu gefährden.

4 a. Welche Funktion haben die Materialien 1, 2, 3, 4 und 5?
Notiere die Ziffern in die passende Zeile.

Materialien, die sachlich informieren ______________________

Materialien, die informieren und unterhalten ______________________

b. Begründe deine Einschätzung. Schreibe in dein Heft.

5 **a.** Worüber erfährst du etwas in den Materialien?
Schreibe die Ziffern der Materialien auf die Linien.

Hauptsächlich um Earthships geht es in den Materialien: ______

Du erfährst etwas zum Thema „Autoreifen in Earthships“ in den Materialien:

______

Hauptsächlich um Trinkwasseraufbereitung geht es im Material: ______

b. Die Materialien unterscheiden sich im Inhalt.
Wo siehst du sonst noch Unterschiede?

______

______

6 Was ist das Besondere an einem Earthship?
Markiere die Textstellen in den Materialien grün.

7 Erkläre den Zusammenhang zwischen Earthships und Autoreifen.
Beziehe Material 1 und Material 4 mit ein.

______

______

______

______

______

8 In Material 5 wird ausführlich über die Trinkwasseraufbereitung berichtet.
Notiere in einer Tabelle Informationen zu den verschiedenen Wasserarten in Stichpunkten.
Nenne auch die Zeilen, in welchen die Informationen zu finden sind.

	Informationen	Zeilen
Trinkwasser		
Grauwasser		

	Informationen	Zeilen
Brauchwasser		
Schwarzwasser		

9 Lies Material 1 noch einmal aufmerksam durch.
In Lillys Antworten kommen Ausrufezeichen vor:
- „Ja, das war toll!“ (Z. 2)
- „Eben nicht!“ (Z. 10)
- „Die sind allerdings riesig!“ (Z. 20 f.)

Was wird durch dieses sprachliche Mittel bewirkt? Notiere deine Einschätzung. Beziehe die Einstellung Lillys zu den Earthships mit ein.

betonen, begeistern, überzeugen

W **10** Betrachte die Abbildungen zu den Earthships. Würdest du dort gerne Urlaub machen? Beantworte die Frage und begründe deine Haltung ausführlich.

Sprachspeicher
Ich könnte mir das gut vorstellen, weil ...

Ich hätte keine Lust, denn ...

Den Text planen, schreiben und überarbeiten

1 Ordne deine Notizen zum Thema.

a. Ordne dazu die von dir gesammelten Stichworte den folgenden Fragen zu. In deinem Text solltest du diese Fragen beantworten.

b. In welcher Reihenfolge möchtest du die Fragen beantworten? Nummeriere sie.

☐ *Wie ist ein Earthship gebaut?*

☐ *Wer hat das Earthship erfunden?*

☐ *Was bedeutet der Name Earthship?*

☐ *Welche Beispiele für die Nachhaltigkeit eines Earthships gibt es?*

☐ *Was sind die Besonderheiten bei der Wasserversorgung?*

☐ *Was ist in Deutschland bei der Trinkwasserversorgung von Earthships das Besondere?*

2 Erstelle eine Gliederung für deinen informierenden Text.

Starthilfe

Überschrift: ...
Einleitung: ...
Hauptteil: Earthships und Nachhaltigkeit
a Was bedeutet der Name Earthship ...
b ...
Schlussteil: ...

Mit Hilfe deiner Arbeitsergebnisse und deiner Gliederung schreibst du nun in deinem Heft einen informierenden Text.

1 Notiere eine passende **Überschrift** für deinen Text.
Tipp: Die Überschrift sollte deutlich machen, was man von deinem Text erwarten kann.

Tolle Earthships
Nachhaltig bauen: Die Earthships
Was aus Autoreifen entstehen kann

2 Formuliere eine **Einleitung,** die zum Weiterlesen anregt.
Du kannst z. B. dein Thema vorstellen oder mit einer Frage zum Thema hinführen.

Starthilfe
Um zu zeigen, dass man aus Müll etwas Umweltfreundliches herstellen kann, möchte ich euch …

3 Informiere im **Hauptteil** über die Earthships.
Nutze deine Gliederung und die Ergebnisse der vorherigen Aufgaben.
- Achte auf sinnvolle Verknüpfungen.
- Verwende Fachbegriffe.
- Lass unwichtige und nicht zum Thema gehörende Informationen weg.
- Schreibe sachlich.

4 Formuliere einen **Schlussteil.**
Schreibe einen zusammenfassenden Satz oder eigene Gedanken.
Tipp: Die Satzanfänge im Kasten helfen dir.

An dem Beispiel der Earthships wird ganz besonders deutlich, …
Earthships sind also …

5 Überprüfe deinen Text mit Hilfe der Checkliste.

Checkliste: Einen informierenden Text schreiben	Ja	Nein
– Sind die Informationen für die Adressaten interessant?	☐	☐
– Sind die Informationen sinnvoll gegliedert?	☐	☐
– Verrät die Überschrift, was man vom Text erwarten kann?	☐	☐
– Regt die Einleitung zum Weiterlesen an?	☐	☐
– Enthält der Hauptteil nur wichtige Informationen?	☐	☐
– Enthält der Schluss einen zusammenfassenden Satz oder eigene Gedanken?	☐	☐
– Ist die Sprache verständlich?	☐	☐
– Ist die Rechtschreibung korrekt?	☐	☐

6 Überarbeite deinen Text, wenn nötig. Nutze deine Ergebnisse aus Aufgabe 5.

Du übst das Schreiben eines informierenden Textes mit einer weiteren Aufgabenstellung.

Du schreibst für eine Webseite der Schule einen informierenden Text über digitale Kommunikation.

1 Lies die folgende Aufgabe genau. Sie nennt dir dein Thema.

> Schreibe für die Website deiner Schule einen informierenden Text über digitale Kommunikation. Dein Text richtet sich an Schülerinnen und Schüler. Verwende für deinen Text Informationen aus den vorliegenden Materialien.
>
> - Beschreibe dein Thema.
> - Erkläre, was man unter digitaler Kommunikation versteht.
> - Beschreibe die Formen digitaler Kommunikation.
> - Stelle dar, welche Bedeutung die digitale Kommunikation für Jugendliche hat. Nenne auch Beispiele.
> - Zeige auf, welche Vorteile und welche Nachteile die Nutzung von digitaler Kommunikation mit sich bringen kann.

2 Was fordert die Aufgabe von dir?
Schreibe den Text in dein Heft und ergänze die Lücken.

Für die Schulwebsite soll ich einen ___ zum Thema „Digitale Kommunikation" schreiben. Für den Text kann ich die Informationen aus den vorliegenden ___ verwenden. Ich beschreibe in der Einleitung das ___ des Textes.
Im Hauptteil erkläre ich, was man unter ___ versteht. Dabei muss ich erläutern, welche ___ digitaler Kommunikation es gibt. Mit Hilfe von Beispielen muss ich verdeutlichen, welche ___ digitale Kommunikation für Jugendliche hat.
Im Schlussteil zeige ich auf, welche Vorteile und ___ die Nutzung haben kann.

informierenden Text
Formen digitaler
Kommunikation
Materialien
Thema
Nachteile
Bedeutung

3 Schreibe auf, wen du mit deinem Text informieren willst.

In den folgenden Materialien findest du wichtige Informationen für deinen Text.

4 Erschließe dir die Materialien mit dem Textknacker auf Seite 4
und mit dem Textknacker für Grafiken auf der Umschlaginnenseite hinten.

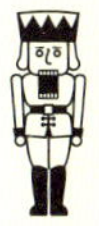

Textknacker ► **S. 4**

Arbeitstechnik: Eine Grafik mit dem Textknacker verstehen
► **hintere innere Umschlagseite**

Aus einer Umfrage zur Mediennutzung (Material 1)

Das Internet ist für mich immer dann wichtig, wenn ich mich über Aktuelles informieren will oder etwas für die Schule recherchiere. Soziale Netzwerke nutze ich nur selten. (M., 14 J.)

Die sozialen Netzwerke sind für mich am wichtigsten. Schließlich möchte ich wissen, wo meine Freunde sind und was sie gerade machen. Mit meiner Daten-Flatrate kann ich entspannt surfen. (C., 16 J.)

5 Welche Bereiche der digitalen Kommunikation verwenden die interviewten Jugendlichen häufig? Zu welchem Zweck? Notiere Stichworte in deinem Heft.

Ein Lexikonartikel (Material 2)

Digitale Kommunikation: Kommunikation (lat. *communicatio*, die Mitteilung): Verständigung untereinander. Die Kommunikationspartner können Informationen entweder direkt (ohne zwischengeschaltete Medien) austauschen, sie befinden sich dann am gleichen Ort. Oder die Kommunikation kann → digital erfolgen, z. B. über → das Internet, das einen virtuellen Raum darstellt. Die Verbindung zwischen den Kommunikationspartnern erfolgt dann mittels technischer Geräte, z. B. PCs, Tablets oder Smartphones.
Digitale Kommunikation kann auf unterschiedlichen Wegen stattfinden, z. B. über E-Mails, Chatprogramme oder soziale Netzwerke. Der E-Mail-Verkehr erfolgt meist über → asynchrone (nicht zeitgleiche) Verbindungen, wohingegen die Kommunikationspartner in → Chats oder in → sozialen Medien synchron (in Echtzeit) miteinander verbunden sind. Digitale Kommunikation kann zwischen Menschen stattfinden, aber auch zwischen Mensch und Maschine sowie andersherum.

6 Beantworte die Fragen zu Material 2 in Stichworten in deinem Heft.
- Wie findet digitale Kommunikation statt?
- Wie unterscheiden sich synchrone und asynchrone Kommunikation?

Jens und das Internet der Dinge (Material 3) Volker Thomas

Jens las die Nachricht auf dem Display des Kühlschranks: „Milch, Joghurt, Apfelsaft" stand da, darunter in roter Schrift: „Butterverbrauch einschränken!" Vorlautes Gerät, grummelte Jens und synchronisierte die Einkaufsliste mit seinem Handy. Als er die Wohnungstür abschloss, meldete der Zentralrechner beim Sicherheitsdienst 5 den Status: leer. Beim Einsteigen in die U-Bahn hielt er sein Handy an das Lesegerät. Mit einem leisen Piepsen bestätigte es die Fahrt und speicherte Jens' Daten auf einem zentralen Rechner. Sicher, das klang ganz schön nach Überwachung.
Jede seiner Bewegungen mit den öffentlichen Verkehrsmitteln war dort nachzulesen. Aber das Handy-Ticket war halt so genial einfach. Sein Freund Niklas schickt eine Textnachricht: „Morgen Abend Sport?" Jens drückte den Kontrollchip auf seiner Armbanduhr: Gewicht, Puls, Blutdruck – alles sprach für ein bisschen Bewegung. Er sendete ein knappes „o.k.". Als er vor der Berufsschule ankam, erkannte der Scanner sein Gesicht. Automatisch öffnete sich die Schranke.
Gegen 16 Uhr meldete sich seine Freundin Liz. Sie wollte nach Feierabend mit ihm shoppen gehen und Jens stimmte zu. Am Eingang des Kaufhauses erfasste ein Scanner ihre Maße und funkte sie an die in Hosen, Jacken und Hemden eingebauten Chips. So konnte sofort die richtige Kleidung anprobiert werden.
Jens war schon klar, dass alle diese Informationen und die Daten, die er täglich eingab, nach seinen Konsumgewohnheiten ausgewertet wurden. Na ja, dachte er, als sein Handy ihm die Angebote der umliegenden Restaurants präsentierte, bequem ist es doch. Die beiden entschieden sich dann für das neue vegetarische Restaurant.

7 Was die Hauptfigur Jens erlebt, ist zum Teil heute schon möglich.
Welche Vorteile und welche Nachteile sieht Jens in seinem digitalen Alltag?
Notiere Stichworte in deinem Heft.

8 **a.** Schreibe die folgenden Fragen in dein Heft. Lass jeweils etwas Platz unter jeder Frage.
1. Was ist digitale Kommunikation?
2. Welche Formen digitaler Kommunikation gibt es?
3. Welche Bedeutung hat digitale Kommunikation für Jugendliche?
4. Welche Vor- und Nachteile digitaler Kommunikation gibt es?

b. Ordne deine Notizen zu den Aufgaben 5, 6 und 7 den Fragen zu.

9 Erstelle in deinem Heft eine Gliederung für deinen informierenden Text.

Starthilfe

Überschrift: ...
Einleitung: ...
Hauptteil: Jugendliche und digitale Kommunikation
a. Was ist digitale Kommunikation?
b. Welche Bedeutung hat digitale Kommunikation für Jugendliche?
c. ...
Schluss: ...

Schreibe nun einen informierenden Text in dein Heft.

10 Wähle eine passende Überschrift für deinen Text.
Schreibe sie in dein Heft.

- Warum digitale Kommunikation super ist
- Digitale Kommunikation – Entwicklung und Zukunft
- Digitale Kommunikation und ihre Bedeutung für Jugendliche

11 Welche **Einleitung** regt zum Weiterlesen an?
Wähle die passende Einleitung aus und schreibe sie in dein Heft.

Digitale Kommunikation ist, wenn man über Smartphones oder PCs miteinander chattet. Das ist meistens gleichzeitig, weshalb es für viele Jugendliche echt super ist. Man kann aber auch E-Mails schreiben.

Wir alle kommunizieren jeden Tag digital – auch wenn uns das vielleicht gar nicht bewusst ist. Doch warum ist digitale Kommunikation eigentlich so wichtig geworden? Und was versteht man überhaupt darunter? Diese Fragen möchte ich im Folgenden beantworten.

12 Informiere im **Hauptteil** über digitale Kommunikation. Nutze deine Gliederung und die Ergebnisse der vorherigen Aufgaben. Schreibe in dein Heft.
- Achte auf sinnvolle Verknüpfungen.
- Verwende Fachbegriffe.
- Lasse unwichtige und nicht zum Thema gehörende Informationen weg.
- Schreibe sachlich.

Sprachspeicher

Zum Beispiel ...
Während ...
Auch ...

13 Dein **Schlussteil** soll den Text zusammenfassen und auch deine eigenen Gedanken einbringen.
Schreibe den Text in dein Heft. Ergänze die fehlenden Wörter und deine eigenen Gedanken.

Die digitale Kommunikation hat in den letzten Jahren immer mehr ___ .
Diese Entwicklung wird sich sicher auch in Zukunft ___ . Interessant finde ich die Vorstellung, dass ___ .

14 Überarbeite deinen Text anhand der Checkliste auf Seite 20.

Checkliste ► S. 20, Aufgabe 5

Stellung nehmen: Eine Frage schriftlich erörtern

Arbeitstechnik: Eine Frage erörtern

In einer Erörterung stellst du deine Meinung zu einer strittigen Frage dar und begründest deinen Standpunkt. Bei der **steigernden (linearen) Erörterung** werden die Argumente, die für deine Position sprechen, nach ihrer Wichtigkeit geordnet aneinandergereiht. Bei einer **Pro-und-Kontra-Erörterung** legst du die unterschiedlichen Ansichten zu der Frage dar und wägst die verschiedenen Standpunkte gegeneinander ab.

1. **Schritt: Die Erörterung planen**
- Lege eine Stoffsammlung an, in der du Argumente sammelst.
- Formuliere deinen Standpunkt in einem Satz.
- Erstelle eine Gliederung. Gewichte dazu die Argumente entsprechend ihrer Überzeugungskraft. Ordne sie so an, dass es zu deiner Fragestellung passt: steigernd (linear) oder nach dem Sanduhrprinzip (Pro-und-Kontra-Erörterung).

2. **Schritt: Die Erörterung schreiben**
- Nenne in der Einleitung den Anlass der Stellungnahme, die Fragestellung und deine These.
- Führe im Hauptteil jeweils mehrere überzeugende Argumente an. Bei einer steigernden Erörterung kannst du auch mögliche Gegenargumente nennen und entkräften.
- Formuliere im Schlussteil eine Zusammenfassung der Abwägung und bekräftige deine persönliche Stellungnahme. Sprich eine Empfehlung oder einen Vorschlag aus.

3. **Schritt: Die Erörterung überarbeiten**
- Überprüfe und überarbeite deine Erörterung.

Im Rahmen eines digitalen Zeitungsprojekts nimmst du in einem Leserbrief zu der folgenden Frage Stellung: „Sollten alle Schülerinnen und Schüler nach der Schulzeit zu einem sozialen Jahr verpflichtet werden?“ Verfasse eine Erörterung, in der du deine Meinung sachlich und überzeugend darstellst.

1 Was fordert die Aufgabe von dir? Formuliere den Arbeitsauftrag in eigenen Worten. Nutze dazu die Stichworte aus dem Kasten.

Fazit
Empfehlung
Argumente
Gegenargumente
Streitfrage
Position
Erörterung

2 Notiere, wen du informieren willst und welche Textsorte du wählen sollst.

Das Material auswerten

1 Lies den Text mit Hilfe des Textknackers.

Textknacker ► S. 4

Soziales Jahr: Vom Recht zur Pflicht?

Da die Arbeitskräfte im sozialen Bereich fehlen und die Bundeswehr Nachwuchsprobleme hat, hat die Verteidigungsministerin Annegret Kramp-Karrenbauer seit 2018 eine allgemeine Dienstpflicht ins Gespräch gebracht, die entweder bei der Bundeswehr oder im sozialen Bereich abzuleisten sei. Es gab schon viele Vorschläge zur Umsetzung, doch Mahner warnten: zu teuer, zu schwierig, zu undankbar.

Der Ruf nach einem „sozialen Pflichtjahr" ist schon älter, er stammt aus der Zeit, als die Wehrpflicht und der Zivildienst als Ersatz für den Wehrdienst abgeschafft wurden. Damals stand man vor dem Problem, dass plötzlich viele Arbeitskräfte im Pflegebereich fehlten.

Warum also sollten Jugendliche sich nicht für einen begrenzten Zeitraum dem Gemeinwesen zur Verfügung stellen? Der Staat tut viel für Jugendliche – warum sollen sie der Gemeinschaft nicht etwas zurückgeben? Warum sollen künftige Betriebswirte oder Schreinerinnen nicht ein Jahr lang Alte und Kranke betreuen, in Jugendeinrichtungen helfen oder auch Krötentunnel graben?

„Die Gesellschaft wird ärmer, wenn junge Menschen von jeder Art von Herausforderungen, etwas für die Gesellschaft zu tun, verschont bleiben", sagte der ehemalige hessische Ministerpräsident Roland Koch (CDU).

Und Winfried Hassemer, ehemaliger Vizepräsident des Bundesverfassungsgerichts, unterstrich, dass ein soziales Jahr für die Jugendlichen selbst ein attraktives Angebot sei. Die jungen Menschen können bereichernde und prägende Erfahrungen machen, praktische Lebenserfahrung sammeln und soziale Kompetenzen erwerben, die ihnen die Schule nicht bieten kann. Außerdem lässt sich so ein interessantes Berufsfeld entdecken.

Gegner des sozialen Pflichtjahres hingegen verweisen auf das Grundgesetz. Nach Artikel 12 des Grundgesetzes haben alle Deutschen „das Recht, Beruf, Arbeitsplatz und Ausbildungsstätte frei zu wählen". Außerdem dürfe niemand – von Notlagen und Katastrophenfällen abgesehen – zu einer bestimmten Arbeit gezwungen werden. Eine allgemeine Dienstpflicht wäre somit verfassungswidrig und ein erheblicher Eingriff in die Freiheitsrechte Jugendlicher. Dagegen betont Winfried Hassemer, er sehe in einem Pflichtdienst für alle zwar „ein verfassungsrechtliches Problem – aber kein unüberwindbares". Wenn er politisch gewollt sei, ließe er sich über eine einfache gesetzliche Regelung oder eine Verfassungsänderung einführen.

Verschiedene Verbände führen aber auch an, dass sie ein Pflichtdienst strukturell überfordern würde. 500 000 bis 700 000 Pflichtdienstleistende müssten irgendwo untergebracht werden – schon bei 200 000 dürften die einstmaligen Zivildienstträger an ihre Grenzen stoßen.

Kritiker wenden sich vor allem gegen den Zwang: Gerade in sensiblen Bereichen, wie beispielsweise bei der Arbeit mit hilfs- oder pflegebedürftigen Patienten, könne man keine unwilligen und frustrierten Jugendlichen gebrauchen, die durch eine Arbeitsverpflichtung unmotiviert seien und mehr Ärger verursachten als Hilfe anböten.

Und schließlich wird hervorgehoben, dass ein Pflichtjahr für alle zu teuer sei. Denn es ist anzunehmen, dass ein junger Erwachsener im sozialen Pflichtjahr etwa das Gleiche kosten würde wie früher ein Wehr- oder Zivildienstleistender; das sind ungefähr 15 000 Euro im Jahr. Selbst wenn von den geschätzten 800 000 jungen Männern und Frauen eines Jahrgangs nur 500 000 neu untergebracht werden müssten, wären das allein 7,5 Milliarden Euro Lohnkosten.

2 Worum geht es in dem Text? Kreuze an.

- ☐ Gegenstand des Textes ist, dass die Wehrpflicht abgeschafft werden soll.
- ☐ In dem Text wird dafür plädiert, dass es mehr Pflegekräfte geben sollte.
- ☐ Es geht um die Frage, ob alle Jugendlichen zu einem sozialen Jahr verpflichtet werden sollten.

3 Welche der folgenden Aussagen stehen im Text? Welche nicht?
Kreuze an, ob das Vorhandensein der Aussage zutrifft oder nicht.

Stehen diese Aussagen im Text?	**trifft zu**	**trifft nicht zu**
a. Der Wehrdienst und der Zivildienst (als Ersatz für den Wehrdienst) wurden abgeschafft.	☐	☐
b. Im Pflegebereich gab es Engpässe, weil die Zivildienstleistenden fehlen.	☐	☐
c. Roland Koch sprach sich gegen ein soziales Pflichtjahr aus.	☐	☐
d. Das soziale Pflichtjahr benachteiligt die Mädchen.	☐	☐
e. Statt ein Pflichtjahr zu absolvieren, sollten die Jugendlichen lieber interessante Berufsfelder entdecken.	☐	☐
f. Ein soziales Pflichtjahr erlaubt das Grundgesetz nicht.	☐	☐
g. Die verschiedenen Verbände könnten gar nicht so viele Jugendliche in ihren Einrichtungen unterbringen.	☐	☐
h. Für ein freiwilliges soziales Jahr gibt es mehr interessierte Jugendliche als Plätze.	☐	☐
i. Die meisten Jugendlichen sind unwillig und frustriert.	☐	☐
j. Ein soziales Pflichtjahr für alle Jugendlichen ist zu teuer.	☐	☐

4 Was versteht man unter dem „Gemeinwesen" (Z. 11)? Kreuze an.
Unter dem Gemeinwesen versteht man ...

- ☐ ... die Gesellschaft.
- ☐ ... die Arbeitgeber.
- ☐ ... die Altersheime.
- ☐ ... eine unfaire Situation.

5 Welche Vorteile haben Jugendliche von einem sozialen Jahr?
Notiere drei Dinge, die Jugendliche im sozialen Jahr lernen können.

6 Was sind „Zivildienstträger“ (Z. 34)? Kreuze die passende Erklärung an.
Zivildienstträger sind ...

- [ ] ... Jugendliche, die ihren Zivildienst ableisten.
- [ ] ... eine Zentralstelle, die den Zivildienstleistenden ihr Gehalt auszahlt.
- [ ] ... Zivildienstleistende, die bereits einen Orden erhalten haben.
- [ ] ... Verbände und Organisationen, die Zivildienstleistende beschäftigen.

7 Erkläre mit eigenen Worten, inwieweit verschiedene Verbände durch den Pflichtdienst „strukturell überfordert“ wären. (Z. 32–33)

8 Ergänze den folgenden Satz sinngemäß.

Trotz Personalmangels ist man gerade in Krankenhäusern oder in der Altenpflege häufig gegen ein soziales Pflichtjahr, weil

9 Lies das folgende Zitat und erkläre mit eigenen Worten, was mit „sensiblen Bereichen“ gemeint ist.
„Kritiker wenden sich vor allem gegen den Zwang: Gerade in sensiblen Bereichen, wie beispielsweise bei der Arbeit mit hilfs- oder pflegebedürftigen Patienten, könne man keine unwilligen und frustrierten Jugendlichen gebrauchen, die durch eine Arbeitsverpflichtung unmotiviert seien und mehr Ärger verursachten als Hilfe anböten.“ (Z. 36–39)

10 Lies das folgende Zitat und kreuze an, durch welche Wendungen die markierte Redewendung ersetzt werden kann.

- [ ] überlastet sein
- [ ] dagegen sein
- [ ] ausgewählt sein
- [ ] überfordert sein

„ ... schon bei 200 000 dürften die einstmaligen Zivildienstträger **an ihre Grenzen stoßen**.“ (Z. 34–35)

11 Zu welchem Zweck wurde der Text geschrieben? Begründe deine Aussage kurz.

Einen Standpunkt formulieren und eine Gliederung erstellen

Arbeitstechnik: Eine Erörterung gliedern

Bei der **steigernden Erörterung** geht es um die Begründung deiner These. Du beginnst mit dem schwächsten Argument und endest mit dem stärksten. Auf Gegenargumente kannst du knapp eingehen, um sie zu entkräften.
Bei der **Pro-und-Kontra-Erörterung** führst du Argumente an, die für (pro) und gegen (kontra) deine These sprechen. Du beginnst mit dem stärksten Argument der Gegenseite und nennst das schwächste zuletzt. Anschließend stellst du die Argumente deiner eigenen Position dar. Beginne mit dem schwächsten Argument (**Sanduhrprinzip**).

Was denkst du selbst über das Thema „Soziales Jahr als Pflicht“? Hier bereitest du die Erörterung vor.

1 Lege in der folgenden Tabelle eine Stoffsammlung an.
- **a.** Notiere Pro- und Kontra-Argumente aus dem Text (S. 25) stichpunktartig.
- **b.** Ordne Argumente aus der Randspalte in die Tabelle ein.
- **c.** Suche eigene Pro- und Kontra-Argumente und ergänze die Tabelle.
- **d.** Welches ist für dich das stärkste Pro-Argument und welches das schwächste Kontra-Argument? Nimm eine Gewichtung vor und nummeriere die Argumente (1 = stärkstes Argument, 2 = zweitstärkstes Argument usw.).
  Tipp: Die Anordnung deiner Argumente beeinflusst ihre Überzeugungskraft.

Mein Standpunkt: *Ich bin für/gegen* ______

Pro-Argumente	Kontra-Argumente

Man verliert Zeit bei der Ausbildung.
Junge Menschen bekommen mehr vom analogen Leben mit.
Unsere Gesellschaft wird immer älter, mehr Arbeitskräfte werden benötigt.
Arbeitsbedingungen: oftmals körperlich und/oder psychisch belastend
Kein guter Weg, um Arbeitsmarktprobleme zu lösen.
Man kann sich beruflich orientieren.

2 Trage in die Tabelle ein, welchen Standpunkt du in deiner Erörterung vertreten willst.

3 Die Argumente in einer Erörterung sollten mit passenden Beispielen oder Belegen veranschaulicht werden.

a. Finde zu jeder Art von Beispielen/Belegen (A–D) eines/einen und notiere entsprechend. Du kannst auch den Text auf Seite 25 nutzen.

A eigene Erfahrungen: ______

B Erläuterung/Erklärung für jeden nachvollziehbar: ______

C Fakten als Beleg: ______

D wissenschaftlich nachgewiesen / Aussage von Experten: ______

b. Entscheide, welches der Beispiele A bis D auch zu deinen Argumenten in der Tabelle auf Seite 28 passt.

c. Verknüpfe zwei Argumente mit den Beispielen. Nutze die Formulierungshilfen vom Rand.

Sprachspeicher

- Jeder von uns hat sicher schon einmal erlebt, dass ...
- Dies zeigt/belegt die Aussage von ...
- Mittlerweile ist allgemein bekannt, dass ...
- So erlebt man zum Beispiel ...
- Meiner Erfahrung nach ...
- Nicht zuletzt bestätigt/beweist ...
- In meinem Freundeskreis zum Beispiel ...
- Wie aktuelle Studien beweisen/zeigen, ...
- Erst neulich las ich ...
- Beispielsweise ...

Du sollst die strittige Frage steigernd (linear) erörtern. Hier kannst du einen Schreibplan für den Hauptteil anlegen.

4 **a.** Wähle aus der Tabelle auf Seite 28 die drei stärksten Argumente aus, die deine These stützen. Schreibe sie in die Tabelle.

b. Prüfe, ob es auch Gegenargumente gibt, die direkt auf deine Argumente antworten. Trage auch sie in die Tabelle ein.

Argument für meinen Standpunkt	mögliches Gegenargument
z. B. *Man bekommt Einblicke in ganz andere Lebenswelten.*	z. B. *Manche Menschen können sich nicht gut in andere hineinversetzen.*

Die Erörterung verfassen

Hier kannst du eine Einleitung für deine Erörterung verfassen.

1 In einem Internetforum wird die Frage auch diskutiert. Dogan antwortet der Nutzerin BritnY. Er hat bereits eine Einleitung verfasst.

a. Lies die Einleitung.

b. Markiere in drei verschiedenen Farben,
- welche Angaben zur Textvorlage gemacht werden (User/-in, Thema, ...),
- wie das Interesse der Leser geweckt wird und das Thema eingeleitet wird,
- wie zum Hauptteil übergeleitet wird.

DoganA *-* Das Thema „Soziales Jahr für alle – ja oder nein?", das BritnY anspricht, beschäftigt viele Schüler und Schülerinnen, mich auch. Was soll ich nach der Schule machen? Ist es sinnvoll, erst mal etwas für die Gesellschaft zu tun, oder will ich karrieremäßig durchstarten? Es gibt für beides Argumente, deshalb möchte ich diese mal etwas genauer beleuchten.

2 Verfasse nun eine eigene Einleitung für deinen digitalen Beitrag zum Zeitungsprojekt. Schreibe sie in dein Heft oder auf ein separates Blatt.

Tipp: Nenne in der Einleitung das Thema, die Fragestellung sowie aktuelle Fakten, Hintergründe oder einen aktuellen Bezug. Führe deine These an.

Heftig umstritten ist in letzter Zeit die Frage, ... Dabei gehen ... auseinander
An der Frage, ob ..., entzünden sich immer wieder Diskussionen
Im Folgenden möchte ich erörtern/erklären, ...
Das sieht man an der aktuellen Diskussion in ... Ich möchte hier darlegen, weshalb ...

Eine Erörterung wird besonders überzeugend, wenn man mögliche Gegenargumente benennt, aber gleich entkräftet. Hier übst du den Umgang mit Gegenargumenten.

3 **a.** Lies den folgenden Auszug aus dem Hauptteil von Dogans Text.

b. Im ersten Absatz fehlen sinnvolle Verknüpfungen. Überarbeite ihn in deinem Heft oder auf einem separaten Blatt. Nutze die Satzverknüpfungen vom Rand.

Tipp: Du musst die Sätze ganz umformulieren.

c. Ergänze auch ein eigenes Beispiel zu dem Argument des ersten Absatzes.

Dogan *-*
Ein soziales Jahr hilft einem bei der Berufsorientierung. Man kann schon mal in verschiedene Bereiche reinschnuppern. Man merkt, was einem liegt und was vielleicht überhaupt nicht zu einem passt. Meine Cousine hat es bei einem Praktikum in einem Seniorenheim gemerkt. Sie will diese Arbeit beruflich machen.
Oft hört man das Argument, dass man durch ein soziales Jahr viel Zeit verlieren würde. Man könnte dann erst verzögert mit der Ausbildung anfangen. Da sehe ich jedoch ein Missverständnis. Im Gegenteil erspart sich manche/-r den Umweg über eine nicht so passende Ausbildung, wenn sie oder er schon vorher Erfahrungen im Beruf sammeln kann.

Sprachspeicher
denn
und
außerdem
zum Beispiel
dass

4 Im zweiten Absatz (Z. 6–9) von Dogans Text wird ein Gegenargument formuliert.

a. Unterstreiche die Textstelle gelb und die Verbformen zusätzlich rot.

b. Schreibe einen kurzen Text mit Hilfe der Stichpunkte der Randspalte.

Dogan
Gegenargument
Konjunktiv
die Meinung anderer
er teilt sie nicht

5 Entkräfte die folgenden Gegenargumente. Nutze den Sprachspeicher.

Argument: Junge Menschen sollen nicht dafür büßen, dass es zu wenig Arbeitskräfte im sozialen Bereich gibt.

Gegenargument: Durch den inzwischen abgeschafften Zivildienst konnte man tatsächlich viele Arbeitskräfte „ersetzen".

Entkräftung: *Zwar kann man kurzfristig Arbeit von Schulabgängern machen lassen, dennoch*

Argument: Junge Menschen machen durch ein soziales Jahr viele wichtige Erfahrungen.

Gegenargument: Die jungen Menschen erleben da Dinge, die sie vielleicht psychisch gar nicht verarbeiten können.

Entkräftung:

Argument: Für das soziale Jahr sollten nicht einfach die Gesetze geändert werden.

Gegenargument:

Entkräftung:

Sprachspeicher

- Es ist unbestritten, dass ...
- Niemand wird leugnen, dass ...
- Aus diesem Grund ...
- Allerdings sollte man auch bedenken, dass ...
- Es wird zwar oft behauptet ...
- Es gibt jedoch gewichtige Einwände: ...
- Diesen Vorteilen lassen sich aber deutliche Nachteile gegenüberstellen: ...
- Allerdings sollte auch erwähnt werden, dass ...
- Untersuchungen zeigen, ...
- Zudem ist bewiesen, dass ...
- Oft wird auch verschwiegen, dass ...

Im Schlussteil fasst du deine Überlegungen zusammen und bekräftigst deinen Standpunkt. Du formulierst ein Fazit und sprichst eine Empfehlung aus.

6 Formuliere nun den Schlussteil deines Beitrags für das digitale Zeitungsprojekt.

a. Fasse deine Überlegungen zusammen und verdeutliche deinen Standpunkt. Vervollständige dazu den Lückentext.

Obwohl ______, ______ finde ich es dennoch sinnvoll, ______

b. Schreibe einen Schlusssatz, in dem du einen Ausblick, einen Kompromiss oder eine Handlungsempfehlung formulierst. Im Kasten findest du Anregungen.

Sprachspeicher

- Ich komme zu dem Schluss, dass ...
- Mein Fazit ist ...
- Ein sinnvoller Kompromiss könnte sein, ...
- Ich würde mir wünschen, dass ...
- Wenn man sich vor Augen führt, dass ..., ergibt sich die Konsequenz ...

7 Verfasse im Heft eine vollständige Erörterung, die deine Position zum Thema „Soziales Jahr für alle?" wiedergibt. Erörtere deinen Standpunkt, den du in deiner Gliederung festgelegt hast. Du kannst deine Arbeitsergebnisse von den Seiten 28–31 verwenden.

Die Erörterung überarbeiten

1 **a.** Prüfe die von dir aufgeführten Argumente anhand folgender Checkliste.
b. Entscheide anschließend, ob sie wirklich überzeugen. Markiere Stellen, an denen du noch überarbeiten musst.

Tipp: Diese kritische Prüfung hilft dir auch zu sehen, ob du deine Argumente richtig gewichtet hast: bei der linearen Erörterung vom schwächsten zum stärksten Argument.

Kriterien für überzeugende Argumente	Ja	Nein
– Ist kein Einwand möglich?	☐	☐
– Ist das Argument sachlich richtig?	☐	☐
– Habe ich das Argument begründet und mit Fakten belegt?	☐	☐
– Fußt das Argument auf persönlichen Erfahrungen?	☐	☐
– Ist das Argument für alle nachvollziehbar?	☐	☐
– Ist die Aussage, die ich mache, wissenschaftlich nachgewiesen?	☐	☐

2 Erstelle eine eigene Checkliste mit Kriterien, die für das Schreiben einer Erörterung wesentlich sind.
a. Gehe dazu das vorliegende Arbeitsheftkapitel noch einmal durch und achte auf entsprechende Hinweise in den Arbeitstechniken und Tipps.
Ergänze die Liste.

Eine steigernde Erörterung schreiben	Ja	Nein
– Habe ich auf interessante Weise zum Thema hingeführt		
und die strittige Frage deutlich gemacht?	☐	☐
– Habe ich meinen Standpunkt	☐	☐
– Habe ich ein Gegenargument genannt?	☐	☐
– Habe ich zum Schluss	☐	☐
– Habe ich auf Rechtschreibung und	☐	☐

b. Überprüfe deine Checkliste mit Hilfe des Lösungsteils.
Ergänze in deiner Checkliste fehlende Kriterien.

Lösungen ► S. 8

3 Tauscht die von euch verfassten Erörterungen untereinander aus und überprüft gegenseitig eure Texte.

4 Überarbeite deine Erörterung mithilfe der Rückmeldung deiner Lernpartnerin /deines Lernpartners.

Wenn du noch weiter üben möchtest, kannst du auf Grundlage der Stoffsammlung von Seite 28 auch eine Pro-und-Kontra-Erörterung zu dem Thema verfassen.

W 5 Erstelle eine Gliederung nach dem Sanduhrprinzip, um deine Argumentation zu strukturieren.

a. Trage zunächst deine These in das folgende Schema ein.
b. Schreibe Stichworte für deine Einleitung auf.
c. Notiere stichpunktartig die drei schwächsten Kontra-Argumente aus deiner Tabelle von Seite 28. Beginne mit dem stärksten.
d. Ergänze die drei stärksten Pro-Argumente vom schwächsten zum stärksten.
e. Plane auch den Schluss.

Meine These: ______

Einleitung: ______

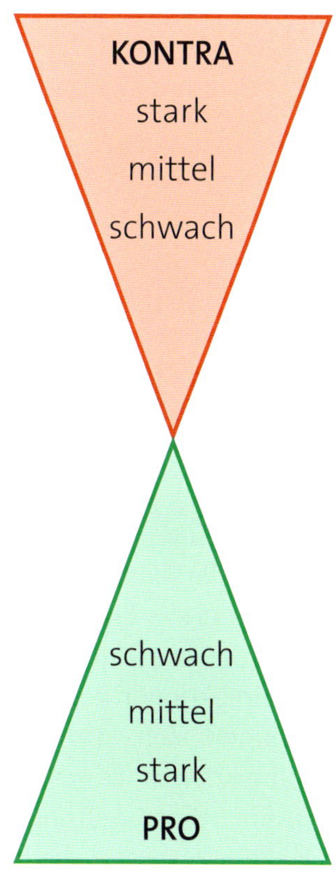

Hauptteil: ______

Fazit: ______

Materialgestütztes Argumentieren

Das Material lesen

1 Verschaffe dir einen Überblick zu den folgenden Materialien.

Material 1

Junge Menschen sollten sich nicht vor ihrer Volljährigkeit tätowieren lassen

Wenn Minderjährige ein Tattoo wollen, brauchen sie für einen Vertrag mit dem Tattoo-Studio die Einwilligung der Eltern. Vor dem Gesetz gilt das Tätowieren von unter 18-Jährigen als eine Körperverletzung, die aber nicht bestraft wird, wenn die Eltern einwilligen, umfassend über die Risiken aufgeklärt wurden und der Jugendliche einsichts- und urteilsfähig ist.
„[...] Denn es sind viele gesundheitliche, soziale und ästhetische Risiken zu bedenken", warnt Dr. Ulrich Fegeler, Kinder- und Jugendarzt sowie Mitglied des wissenschaftlichen Beirats beim BVKJ (Bundesverband der Kinder- und Jugendärzte). Wer in Deutschland ein Tattoo-Studio eröffnen will, braucht bisher noch keinen speziellen Befähigungsnachweis vorlegen. Tattoo-Farben müssen zudem nicht amtlich zugelassen werden. „Bei Hautkrankheiten wie Neurodermitis oder Schuppenflechte, bei Diabetes, bei Abwehrschwäche, bei Herzfehlern und bei Blutungsneigung (z. B. durch gerinnungshemmende Medikamente) raten wir generell von einer Tätowierung ab, da das Risiko für Komplikationen zu groß ist", so Dr. Fegeler.
Interessieren sich Heranwachsende für Tattoos, sollten sie sich umfassend über die Risiken informieren [...]. Bei Bedarf können sie sich auch von ihrem Jugendarzt aufklären lassen. Zwar ist in Deutschland das Risiko für die Übertragung von schweren Erkrankungen, wie infektiösen Lebererkrankungen (Hepatitis B und C) und HIV, selten, aber auch andere häufigere Virusinfektionen können über unsaubere Instrumente und Farben erworben werden. So können sich Warzen und Herpes nach einer Tätowierung ausbreiten. Bakterielle Infektionen können Abszesse entstehen lassen und im schlimmsten Fall auch zu einer Blutvergiftung führen. In einer Übersichtsstudie an 3.411 tätowierten Personen klagten 6% über dauerhafte Beschwerden. Neben Narbenbildungen wurden auftretende Schwellungen, Papeln und anhaltender Juckreiz angegeben. Allergien gegen Farbbestandteile bzw. Konservierungsmittel können ebenso zum Problem werden. Die Behandlung solcher Unverträglichkeitsreaktionen, wie Ausschläge mit starkem Jucken, hat sich als schwierig erwiesen. Oft ist dann die Entfernung des gesamten Tattoos erforderlich.

Material 2

Zahlen zum Tätowieren

„In Deutschland sind schätzungsweise 8 bis 10 Millionen Menschen tätowiert."

Material 3

Und später?

Laut einer amerikanischen Umfrage bedauert jeder vierte Tätowierte zwischen 18 und 35 Jahren, dass er Tinte unter der Haut trägt. Häufigste Gründe:

- dass sie/er zu jung war, als das Tattoo entstand,
- dass sie/er sich verändert hat und das Tattoo nicht mehr zum Lebensstil passt,
- dass das Tattoo mit einer Person verbunden ist, mit der man nicht mehr zusammen ist, und/oder
- dass das Tattoo nicht professionell aussieht.

(Quelle für Materialien 1-3: „Kinderärzte im Netz")

Material 4

Interncteinträge

Ich würde mir so gerne ein Tattoo stechen lassen, weil ich es absolut ästhetisch finde. Der Körper wird zum Kunstwerk. Ich glaube auch nicht, dass ich es bereuen würde. Wenn das Motiv stimmt, kann es auch für immer sein. Jacinta, 15 Jahre

Viele Leute machen das mit dem Tätowieren als Mutprobe oder um andere Leute zu schocken, das ist mir zu primitiv. Ich finde es überhaupt nicht schön, so einfach ist das. Pitty, 14 Jahre

Du hast die freie Auswahl, alles ist möglich! Du kannst dich selbst in deinen Tattoos ausdrücken. Mir würden tausend Möglichkeiten einfallen, ich suche oft nach schönen Motiven. Ich würde es sofort machen lassen, wenn meine Eltern es erlauben würden. Anne, 17 Jahre

Material 5

Grafik

Fast jeder vierte 16- bis 29-Jährige hat ein Tattoo, fast der Hälfte aller 16- bis 29-Jährigen gefallen Tattoos

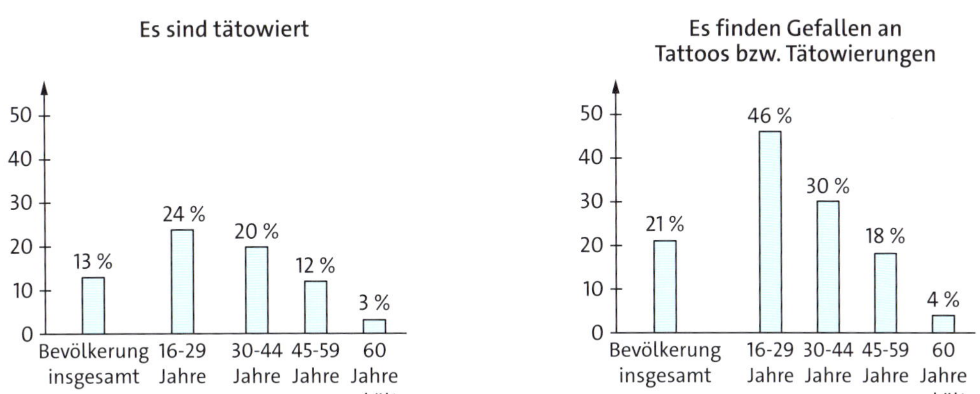

Basis: Bundesrepublik Deutschland, Bevölkerung ab 16 Jahre
Quelle: Allensbacher Archiv, IfD-Umfrage 11024

© IfD-Allensbach

2 Du sollst folgende Aufgabenstellung bearbeiten:
„Tattoos für Jugendliche. Formuliere Argumente dafür und dagegen und verwende dazu die Materialien. Gib auch eine kurze persönliche Stellungnahme ab."

Eine Stoffsammlung machen

1 Lies die Materialien 1-5 (S. 34-35) und nutze den Textknacker. Unterstreiche oder markiere wichtige Stellen der Materialien.

Textknacker ► S. 4

2 Beginne mit der Stoffsammlung. Notiere zu jedem Material wichtige Aussagen in Stichpunkten.

M 1

- Tätowieren bei Jugendlichen ist verboten
-
-
-
-
-

M2

-

M3

- manche bereuen ihre Entscheidung fürs Tattoo
- ...
-

M4

- Das Tattoo als Kunstwerk
-
-
-

M5

- Vor allem junge Menschen finden Tattoos gut.
-
-

Eine Gliederung erstellen

1 Was weißt du über das Thema? Welche Meinung hast du selbst dazu?
Notiere deine Gedanken zu diesem Thema in Stichworten in dein Heft.

2 Erstelle eine Gliederung, indem du die Tabelle mit Aussagen aus den Materialien und mit deinen eigenen Überlegungen füllst.
Tipp: Zusätzliche Informationen kannst du im Internet recherchieren.

Thema: Tätowieren bei Jugendlichen	
Gefahren (Nachteile)	**Chancen (Vorteile)**
Jugendliche können noch nicht abschätzen, ob sie den Körperschmuck dauerhaft tragen wollen. (M3 Jacinta, M4)	Jugendliche sind alt genug, um selbst zu entscheiden, ob und wie sie ihren Körper schmücken wollen. (mein Argument)

Im Internet recherchieren
► hintere innere Umschlagseite

Eine Erörterung gliedern
► S. 28

Argumente sortieren und ausbauen

1 Entscheide mithilfe der Argumente in der Tabelle S. 37, welchen Standpunkt du vertreten willst. Kreuze an.

☐ Ich bin dafür, dass sich Jugendliche tätowieren lassen dürfen.

☐ Ich bin dagegen, dass sich Jugendliche tätowieren lassen dürfen.

2 **a.** Wähle drei Argumente aus, die deinen Standpunkt unterstützen. Nummeriere sie auf Seite 37 in der Reihenfolge ihrer Überzeugungskraft. Das überzeugendste Argument erhält also die Nummer 3.

b. Schreibe die Argumente in Stichpunkten in die Tabelle. Ergänze zu deinen drei Argumenten passende Beispiele oder Belege.

Beispiele oder Belege für die Argumente 1 bis 3
1
2
3

3 **a.** Welche drei Gegenargumente willst du entkräften? Markiere diese Argumente der Gegenmeinung in der Tabelle auf Seite 37.

b. Entkräfte diese Gegenargumente mit wirkungsvollen Formulierungen. Schreibe in die Tabelle. Du kannst die Wörter und Wortgruppen vom Rand verwenden.

Entkräftung der Gegenargumente

Sprachspeicher

Obwohl einige Leute meinen, dass ...
Trotz ...
Auch wenn ...
Zwar behaupten einige, dass ..., aber ...
Einerseits befürchtet man, dass ..., andererseits ...

Zitieren aus Materialien

Nun übst du, wie du Inhalte aus Materialien korrekt wiedergibst und richtig zitierst.

Arbeitstechnik: Aus Materialien zitieren

Du kannst aus Materialien (z. B. Internetausschnitt, Sachtext, Schaubild) wörtlich zitieren oder Inhalte in eigenen Worten wiedergeben.

- Beim wörtlichen Zitieren setzt du fremde Textteile in Anführungszeichen. Wenn du Wörter in einem Zitat auslässt, füge an diese Stelle **[...]** ein.
- Gib in Klammern die Materialnummer oder den Materialbuchstaben an, z.B. „(vgl. M 1)“ oder „(siehe M B)“. Du kannst die Angabe auch in den Text einbauen, z.B. „Wie in M1 erwähnt wird ...“ oder „Im Schaubild aus M3 sieht man ...“.
- Wenn du die Quelle und die Urheber der Materialien kennst, beginne deine Quellenangabe zum Zitat mit der Abkürzung „vgl.“ (das heißt „vergleiche“). Wenn du den Inhalt in eigenen Worten wiedergibst, dann schreibe in Klammern z. B. („vgl. die Allensbach-Umfrage“).

1 Einige Inhalte der Materialien (S. 34–35) hat eine Schülerin in ihrem Text wörtlich zitiert oder verwendet, ohne die Übernahme zu kennzeichnen.

a. Ordne die übernommenen Inhalte/Sätze in einer Tabelle den Materialien zu.

b. Setze wörtlich übernommene Satzteile in Anführungszeichen und kennzeichne sie so als Zitate.

c. Kennzeichne Kürzungen. Setze [...] an die ausgelassenen Stellen.

Bei jungen Menschen ist das Tätowieren beliebter als bei älteren. Fast 50 Prozent der 16 bis 29-Jährigen gefallen Tattoos. Aber vor dem Gesetz gilt das Tätowieren von unter 18-Jährigen als eine Körperverletzung, die aber nicht bestraft wird, wenn die Eltern einwilligen. Man kann sich also als Jugendliche tätowieren lassen. Die Geschmäcker sind ja verschieden. Und wenn es der größte Wunsch ist, sollte man das machen. In Deutschland sind ja acht bis zehn Millionen Menschen tätowiert, die sind auch nicht alle dumm. Und diese Menschen als primitiv zu bezeichnen, finde ich nicht gut. Was allerdings schon nicht so toll ist, wenn man das Tattoo dann nicht mehr schön findet, weil es irgendetwas zeigt, was man nicht mehr mag, z. B. den Namen eines Ex-Freundes.

Achtung: Fehler!

Zeilen	übernommene / zitierte Sätze	Material
Z.1–2	Überschrift Schaubild: „[...], fast der Hälfte aller 16- bis 29-Jährigen gefallen Tattoos.“	M5
		M2

2 Schreibe den Text der Schülerin in deinem Heft noch einmal richtig auf.

Arbeitstechnik Abschreiben
► **hintere innere Umschlagseite**

Die Argumentation schreiben und überarbeiten

Du schreibst deine Argumentation mit Stellungnahme zum Thema „Tattoos bei Jugendlichen: Gefahren und Chancen“ gegliedert auf.

Du beginnst mit der Einleitung.

1 Nenne in der Einleitung das Thema.
Du kannst deine Position dabei schon anklingen lassen.

Ob sich Jugendliche tätowieren lassen sollen, ist ein heiß diskutiertes Thema. Viele Menschen reagieren sehr emotional, wenn ...

2 Schreibe eine Gliederung für den Hauptteil der Argumentation in Stichworten.
- Ordne die Gegenargumente und Argumente nach dem Prinzip der Sanduhr.
- Entkräfte mindestens ein Gegenargument.
- Veranschauliche deine eigenen Argumente mit Beispielen und Belegen.

Sanduhr-Prinzip ► S. 33

stärkstes Gegenargument:

Entkräftung:

mittleres Gegenargument:

Entkräftung:

schwächstes Gegenargument:

Entkräftung:

schwächstes Argument:

Beispiel:

mittleres Argument:

Beispiel:

stärkstes Argument:

Beispiel:

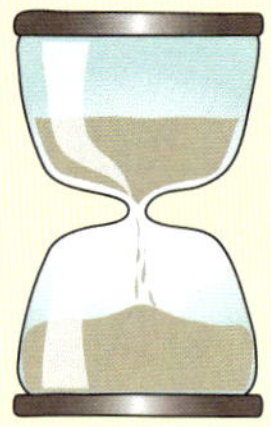

3 Schreibe den Hauptteil deiner Argumentation in dein Heft.
- Nutze deine Gliederung aus Aufgabe 2 auf Seite 40.
- Du kannst die folgenden Formulierungshilfen verwenden.

Tipp: Beginne jeden neuen Gedanken mit einem Absatz.

So kannst du die Gegenposition einleiten:	So kannst du die Argumente der Gegenposition einleiten:
Von vielen Leuten wird die Ansicht vertreten, ... Häufig wird geäußert, ... Manche Menschen meinen ernsthaft, ...	Nicht ganz zu Unrecht gibt es Bedenken, ... Deshalb wird den ... oft entgegengehalten, ... Es ist ja nicht ganz falsch, ...

So kannst du deine Position einleiten:	So kannst du deine Argumente einleiten:
Wie vor mir schon viele Menschen behaupte ich, ... Meiner Meinung nach ist ... Ich hingegen bin davon überzeugt, dass ...	Richtig ist in diesem Zusammenhang, dass ... Unzweifelhaft wichtig ist, ... Entscheidend ist aus meiner Sicht, ...

4 Formuliere einen Schluss, in dem du deine Position zusammenfasst.
Du kannst die Formulierungen vom Rand verwenden.

Zusammenfassend kann man ...
Wenn man das Für und Wider abwägt, kommt man zu dem Schluss, dass ...
Letztlich kann niemand ..., aber dennoch ...
Unterm Strich überwiegen die ...

5 Schreibe die vollständige Argumentation mit Stellungnahme in dein Heft.
- Beachte alle Anforderungen an eine gegliederte Argumentation.
- Verknüpfe deine Argumente, Gegenargumente und Beispiele miteinander.
  Du kannst die folgenden Konjunktionen verwenden.

weil, denn, da, deshalb, obwohl, sondern, einerseits, andererseits

6 Überarbeite deinen Text mithilfe der Checkliste.

Checkliste: Eine Argumentation schreiben	ja	nein
Habe ich in der **Einleitung** das **Thema/Problem** benannt?	☐	☐
Habe ich im **Hauptteil** je drei **Pro-** und drei **Kontra-Argumente** genannt?	☐	☐
Habe ich die Argumente nach dem **Sanduhrprinzip** angeordnet?	☐	☐
Habe ich den **Aufbau der Argumente** (These, Argument, Beispiel) beachtet?	☐	☐
Habe ich meinen **eigenen Standpunkt** genannt und begründet?	☐	☐
Habe ich abwechslungsreiche **Satzanfänge** und **Überleitungen** verwendet?	☐	☐
Habe ich einen passenden **Schluss** geschrieben?	☐	☐

Eine Kurzgeschichte analysieren und interpretieren

Die folgende Kurzgeschichte erzählt von der bedeutsamen Begegnung zwischen einem Mann und einem Hund.

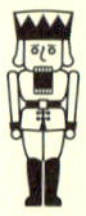

Textknacker ► S. 4

1 Lies die Kurzgeschichte mit dem Textknacker.

Der Hund (1987) Max Bolliger (*1929)

Kurz vor dem schmalen Waldstrich, der sich von der Hügelkuppe bis zum See hinunterzog und zwei Dörfer voneinander trennte, spürte der Mann plötzlich, dass jemand dicht hinter ihm war. Er drehte sich um. Der Hund schaute ihn stumm und flehend an. Seine Augen glänzten in der Dämmerung. Am anderen Ufer des Sees flammten Lichter auf. Die Nacht kam früh. Der Mann schloss den ausgefransten Regenmantel. Der Hund blieb hinter ihm. „Geh hin, woher du kommst, du verdammter Bastard[1]", schrie er und hob einen Stein. Das Tier duckte sich und trottete mit eingezogenem Schwanz davon. An der Art seines Laufens erkannte der Mann, dass es sich um ein altes Tier handelte, wahrscheinlich krank und hungrig. Ja, ein junges Tier ... das wäre was anderes! Man muss nur wissen wie, eingebeizt[2] und in Rotwein gekocht ... Er lachte und schnalzte mit der Zunge.

Im Wald versanken seine klobigen, von Staub und Kalk beschmutzten Schuhe in den Blättern. Der Hund lief wieder hinter ihm her. „Verflucht!" War es etwa gar kein Hund? Er war nicht der Erste, dem hier in der Dunkelheit zwischen den Dörfern ein herrenloser Hund wie ein Gespenst begegnete. Dem Schmied zum Beispiel ... Ein halbes Jahr drauf war er tot. „Ach was! Wer wollte diese Ammenmärchen[3] glauben?" In gebührendem Abstand blieb der Hund hartnäckig hinter ihm. Der Mann schleuderte einen Stock. Es half nichts. Die Wut packte ihn. Mit erhobenen Fäusten ging er auf das Tier los. Geschickt wich es aus und wartete mit zitternden Flanken. Es befand sich in einem erbärmlichen Zustand. „Dieser verdammte Hund!" Und wenn er ihm hundertmal begegnete, deswegen hatte er noch lange keine Angst. Er beeilte sich. Sein Haus lag am Rande des Dorfes, nahe beim Wald. Es war alt und verlottert. Seit dem Tod seiner Frau vor dreiundzwanzig Jahren hatte er niemanden mehr eingelassen. Die Leute gingen ihm aus dem Weg, und die Kinder fürchteten ihn.

Als er die Tür des Hauses aufschloss, war der Hund wieder da. Er winselte leise. „Komm!", sagte der Mann. Das Tier zögerte einen Augenblick. Dann drängte es sich plötzlich an ihm vorbei in die dunkle Küche hinein. Der Mann zündete das Licht an, machte Feuer und kümmerte sich nicht mehr um den Hund. Er hatte sich in eine Ecke verkrochen und verfolgte jede seiner Bewegungen. Bevor der Mann sich an den Tisch setzte, stellte er eine volle Schüssel auf den Boden. Gierig machte sich der Hund über das Fressen her.

1 der Bastard: eine Mischung aus verschiedenen Rassen

2 einbeizen: einlegen

3 das Ammenmärchen: eine erfundene Geschichte

Der Mann saß lange am Tisch, müde, halb eingenickt. Er fuhr auf, als der Hund den Kopf auf seinen Oberschenkel presste und zu ihm aufschaute. Der Mann fing ihn sachte an zu kraulen. „Wart'", sagte er, „ich muss dich gründlich sauber machen. Du hast es nötig." Er holte warmes Wasser und eine Bürste.
Es war ein seltsames Tier und hatte nicht die gleiche Sprache wie andere Hunde. Seine Sprache war das Stumme, die Angst. Nur am Abend, wenn der Mann vom Steinbruch nach Hause kam, wurde das Tier wild vor Freude. Es sprang an ihm hoch, umkreiste ihn, leckte ihm Gesicht und Hände. Und dann, als ob es sich an ein anderes Wesen erinnerte, kroch es wieder davon, geisterhaft und leise.
Der Mann baute ihm einen Zwinger[4]. In der Nacht nahm er den Hund ins Haus. Als es kälter wurde, schlief er auf seinem Bett, zu seinen Füßen in die Decke gekuschelt. Der Winter kam und der Mann blieb zu Hause. Er sprach mit dem Hund wie mit einem Menschen. Das Tier hatte zugenommen, und sein Fell glänzte. Wenn sich jemand dem Haus näherte oder auch nur vorüberging, bellte der Hund wie verrückt. Der Mann hatte jedes Mal Mühe, ihn wieder zu beruhigen. Man hörte das Bellen bis ins Dorf hinunter. Eines Tages, es ging gegen das Frühjahr, kam der Polizist und redete von Hundesteuer[5]. Der Alte schlug ihm die Tür zu. Darauf bekam er Mahnungen, Drohungen. Er warf die Briefe ins Feuer. Aber eines Abends, als er von der Arbeit nach Hause kam, lag der Hund tot im Zwinger, die Beine von sich gestreckt, die Augen weit, starr und kalt. Er betrachtete das Tier. Er wusste, dass man den Hund vergiftet hatte. Er grub ein Loch und verscharrte das Tier. Er konnte nicht schlafen. Die Gedanken drehten sich wild und wirr in seinem Kopf herum. Er stöhnte und wälzte sich von einer Seite zur andern. Erst als der Morgen dämmerte, wurde er ruhiger. Und dann ging er fort. Er nahm nichts mit sich. Er ging fort. Seither hat ihn niemand wiedergesehen.

4 der Zwinger: ein eingezäunter Platz für Tiere, besonders für Wachhunde oder Jagdhunde
5 die Hundesteuer: Geld, das Hundebesitzer jährlich an die Stadt oder Gemeinde zahlen müssen

Untersuche die Handlung der Kurzgeschichte.

2 Die Orte spielen für die Handlung eine wichtige Rolle.
An welchem Ort beginnt die Geschichte?
- **a.** Sieh dir die Skizze an.
- **b.** Beschrifte die Skizze mit den Ortsangaben.
  Lies dazu auf Seite 42 noch einmal die Zeilen 1 bis 5.
- **c.** Wo treffen sich der Mann und der Hund zum ersten Mal?
  Zeichne ein Kreuz an die Stelle.

Untersuche nun die Gestaltung der Kurzgeschichte genauer.

3 Welcher weitere Ort spielt im Hauptteil der Geschichte eine Rolle?
Beschrifte die Stelle in der Skizze auf Seite 42.
Lies dazu noch einmal Seite 42, Zeilen 22 und 23.

4 Das Haus sagt viel über das Leben des Mannes aus.
Beschreibe das Haus in Stichworten.
Lies dazu noch einmal Seite 42, Zeilen 22 bis 25.

5 In der Handlung der Geschichte spielen die Jahreszeiten eine wichtige Rolle.
a. In welchen Jahreszeiten spielt die Geschichte? Schreibe auf.

b. Was erleben der Mann und der Hund in diesen Jahreszeiten?
Schreibe zu jeder Jahreszeit einen Satz auf.

Untersuche nun die Hauptfigur/-en genauer.

6 Die Hauptperson in der Kurzgeschichte ist der Mann.
Seine Charaktereigenschaften werden besonders durch sein Verhalten gegenüber dem Hund deutlich.
Wie werden der Mann und der Hund am Anfang der Kurzgeschichte beschrieben?
a. Finde Adjektive und Wortgruppen, mit denen der Mann und der Hund beschrieben werden.
b. Markiere die Wörter und Wortgruppen in zwei Farben:
- die Wörter und Wortgruppen für den Mann blau,
- die Wörter und Wortgruppen für den Hund rot.

7 Wie verhält sich der Mann dem Hund gegenüber am Anfang der Geschichte?
a. Lies noch einmal Seite 42, Zeilen 5 bis 21.
b. Zitiere drei Stellen, die das Verhalten des Mannes gegenüber dem Hund kennzeichnen.

Zitieren ► S. 39

8 An einer Stelle in der Kurzgeschichte ändert sich das Verhalten des Mannes gegenüber dem Hund.
Wie verhält er sich nun? Beschreibe sein Verhalten.
Finde dazu drei passende Stellen im Text. Notiere die Zeilenangabe/-n.

9 Welche Charaktereigenschaften zeigt der Mann jetzt?
Schreibe die richtigen Eigenschaften mit Hilfe der Randspalte auf.

Mitleid
Härte
Fürsorglichkeit
Kaltherzigkeit
Warmherzigkeit

10 Warum geht der Mann am Ende der Geschichte fort?
a. Lies noch einmal Seite 43, Zeilen 51 bis 55.
b. Schreibe deine Vermutungen auf.
Denke auch daran, was der Mann in dieser Situation fühlt.

Für die Wirkung der Kurzgeschichte sind die Besonderheiten ihrer Gestaltung wichtig: z. B. die Überschrift, die Namen und die sprachlichen Mittel.

11 Die Geschichte trägt den Titel „Der Hund", obwohl der Mann die Hauptperson ist.
Warum trägt die Geschichte diesen Titel? Schreibe deine Vermutung auf.

12 Der Mann und der Hund haben in der Geschichte keinen Namen.
Wie wirkt das auf dich? Notiere dazu Stichworte.

13 „Der Satzbau passt sehr gut zum Inhalt des Textes." Begründe diesen Ausspruch.
a. Lies den Textausschnitt Seite 42, Zeilen 18 bis 25 noch einmal. Setze beim Lesen hinter jeden Satz einen Trennungsstrich.
b. Welche Art von Sätzen kommen überwiegend vor? Nenne den grammatischen Fachbegriff.

c. Inwiefern passen Satzbau und Inhalt des Textes zusammen? Begründe die Aussage von oben.

14 Die Gestaltung der Sätze und den Satzbau überlässt ein Autor / eine Autorin nicht dem Zufall. Die Form der Sätze steht in Beziehung zum Inhalt.

a. Lies den Textausschnitt Seite 43 Zeilen 51 bis 55.
b. Unterstreiche die Satzanfänge.
c. Vergleiche die Satzanfänge und formuliere deine Beobachtung in einem Satz.

d. Welche Wirkung hat die Gestaltung der Satzanfänge auf diese Weise? Notiere in Stichworten.

e. In welcher Weise besteht ein Zusammenhang zwischen dem Satzbau und dem Inhalt des Textes von dem Mann und dem Hund?

Zu den Besonderheiten der Gestaltung einer Kurzgeschichte gehört auch die Erzählweise.

15 Beschreibe die Besonderheiten der Erzählweise.
Beantworte dazu die folgenden Fragen in Stichworten:

- Aus wessen Sicht (Perspektive) wird die Geschichte erzählt?

- Was weiß der Erzähler alles über den Mann, was über den Hund?

- Woran kann man erkennen, was der Mann fühlt und was der Hund fühlt?

16 Begründe, warum die folgenden Merkmale einer Kurzgeschichte auf „Der Hund" zutreffen. Schreibe Stichworte auf.

ein unvermittelter Anfang:

ein Wendepunkt in der Geschichte:

ein offenes Ende:

Die Geschichte umschreiben

Wie könnte die Geschichte anders enden? Schreibe den Schluss um. Dabei musst du dich an den Vorgaben aus dem Textauszug orientieren. Lies den Text auf Seite 42 noch einmal bis Zeile 49 (bis „Aber eines Abends, als er von der Arbeit nach Hause kam, ...“).

1 In welcher Zeitform ist die Geschichte geschrieben?

2 Bestimme die Perspektive, aus der die Geschichte erzählt wird.

a. Kreuze die zutreffende Perspektive an.

b. Belege deine Wahl mit einem Textbeispiel.

☐ Ich-Perspektive ☐ Er-/Sie-Perspektive

Textbeleg:

3 Bereite die Fortsetzung der Geschichte vor, indem du die folgenden Fragen beantwortest.

Tipp: Du kannst die Wörter vom Rand verwenden oder deine eigenen Ideen aufschreiben.

1 Welche Gedanken könnte sich der Mann wegen der Hundesteuer machen?

Geld reicht nicht
Hund behalten?
Land ohne Hundesteuer

2 Wie fühlt sich der Mann bei dem Gedanken, den Hund herzugeben?

traurig
einsam
keinen Lebensmut mehr
will etwas ändern
dankbar, dass er den Hund hat

3 Was könnte ein Ausweg sein für den Mann mit dem Hund?

zieht woanders hin
macht eine große Reise
sucht Gleichgesinnte

4 Adjektive machen deine Geschichte noch lebendiger.
Gestalte die folgenden Sätze anschaulicher, indem du passende Adjektive ergänzt.
Tipps: Du kannst Wörter vom Rand nehmen oder eigene Adjektive einsetzen.
Die Endung der Adjektive vom Rand musst du noch anpassen.

wichtig
echt
tief
heftig
unheimlich
ganz

Eine ____________ Traurigkeit überfiel den Mann. Es war gefühlt eine ____________ Ewigkeit her, dass er so ein ____________ Gefühl empfunden hatte. Dass er einen ____________ Freund verloren hatte, wurde ihm nun bewusst. Und das war eine ____________ Einsicht, mit der er weiterleben konnte. Auch fühlte er ____________ Dankbarkeit.

5 Schreibe nun die Fortsetzung der Geschichte mit neuem Schluss in dein Heft oder auf ein liniertes Blatt.
Tipps:
- Die Ergebnisse der Aufgaben 1 bis 4 helfen dir.
- Schreibe nicht gleich den Schluss. Erweitere die Geschichte erst um einen Erzählteil.
- Baue Spannung auf: Erzähle ausführlich, ohne den Schluss zu verraten.
- Verwende interessante Wörter und treffende Verben.
- Verwende die wörtliche Rede.

Zum Schluss musst du die Spannung auflösen.

6 Bereite den Schluss für deine Fortsetzung vor.
Wie löst sich die Spannung am Schluss auf? Schreibe hier Ideen auf.

____

____

7 Schreibe den Schluss unter deine Fortsetzung der Geschichte.

Am Ende ...
Schließlich ...
Zu guter Letzt ...
In letzter Sekunde schafften sie es, ...
Unverletzt machten sie sich auf den Weg ...
Wie gut, dass er nie erfahren wird, dass ...

Prüfe, ob du deine Fortsetzung verbessern kannst.

8 **a.** Lies deine gesamte Fortsetzung noch einmal genau.
b. Überprüfe deine Rechtschreibung mit Hilfe der Rechtschreibstrategien.
c. Überprüfe deine Fortsetzung dann mit Hilfe der Checkliste:

Checkliste: Eine Geschichte überarbeiten	Ja	Nein
– Habe ich alle Fragen beantwortet?	☐	☐
– Jst alles gut verständlich?	☐	☐
– Habe ich treffende Verben verwendet?	☐	☐
– Habe ich anschauliche Adjektive verwendet?	☐	☐
– Habe ich wörtliche Rede verwendet?	☐	☐
– Habe ich alle Wörter richtig geschrieben?	☐	☐
– Habe ich alle Satzzeichen richtig gesetzt?	☐	☐

Die Kurzgeschichte interpretieren

Arbeitstechnik: Eine Kurzgeschichte interpretieren

Mit einer Textinterpretation weist du nach, wie du einen Text verstanden hast, und erläuterst deine Deutung und Sichtweise. Wichtig ist, dass du deine Interpretation am Text belegen kannst.

1. Schritt: Die Textinterpretation planen
- Mache Notizen zum Inhalt und zu Besonderheiten des Textes.
- Untersuche die Merkmale der Textsorte und markiere entsprechende Textstellen.

2. Schritt: Die Textinterpretation schreiben
- Schreibe sachlich im Präsens. Bei Vorzeitigkeit verwendest du das Perfekt.
- Die Einleitung nennt die Textsorte, den Titel, den Autor, das Veröffentlichungsjahr und das Thema.
- Im Hauptteil analysierst du den Inhalt, die Gestaltung und die Sprache. Du fasst die wichtigsten Handlungsschritte zusammen und arbeitest die Merkmale der Textsorte heraus.
- Belege deine Beobachtungen immer mit Zitaten.
- Im Schlussteil fasst du die Ergebnisse deiner Analyse zusammen und formulierst eine begründete Bewertung des Textes.

3. Schritt: Die Textinterpretation überarbeiten
Überprüfe und überarbeite deine Textinterpretation. Verwende Checklisten.

Bereite deine Textinterpretation vor.

1 Fasse die Kurzgeschichte stichwortartig zusammen.
a. Eine der folgenden Notizen kann weggelassen werden. Streiche sie durch.
b. Setze die Notizen für den Rest der Geschichte fort.

- ein Mann trifft einen herrenlosen Hund
- es passiert vor dem Wald, der zwei Dörfer trennt
- der Hund lässt sich nicht abschütteln
- der Hund ist alt und möglicherweise krank

Achtung: Fehler!

Jetzt kannst du deine Textinterpretation ausformulieren. Greife dabei auf deine Analyseergebnisse von Seite 43 bis 46 zurück. Schreibe in dein Heft oder auf ein Blatt.

2 Formuliere den ersten Satz deiner Einleitung. Mache darin Angaben zum Autor, zum Titel, zum Veröffentlichungsjahr und zur Textsorte.

Starthilfe
... ist der Autor der ... mit dem Titel ... aus dem Jahr ...

3 Mit welcher der Formulierungen in der Randspalte ist das Thema der Kurzgeschichte am besten wiedergegeben? Übernimm sie und formuliere einen vollständigen Satz.

Freundschaft zwischen Mann und Hund

Ein Mann bekommt durch einen Hund wieder Lebensfreude

Das Leiden eines einsamen Menschen

4 Wie sind die folgenden Aussagen zum Text belegt? Ordne die Begriffe aus der Randspalte zu. Ergänze auch die Zeilenangaben.

Der Mann beruhigt sich selbst mit dem Satz „Ach was! Wer wollte diese Ammenmärchen glauben?“ (Z. ____), als er sich anfangs vor dem Hund fürchtet.	
Das sieht man auch daran, dass er einen Stock schleudert und dann auf ihn losgeht, um den Hund loszuwerden (Z._____).	
Schließlich redet er zu Hause freundlich mit dem Hund, indem er ihm ankündigt, ihn sauber zu machen. (Z. ____).	

indirekte Rede
wörtliches Zitat
Umschreibung

5 Hier werden die sprachlichen Mittel der Kurzgeschichte beschrieben. Markiere in der Randspalte die passenden Fachbegriffe.

Die Geschichte ist von sehr einfacher Sprache geprägt. Dies zeigt sich in der Verwendung von vielen kurzen, abgehackten Sätzen. Die Geschichte enthält fast nur Hauptsätze und ganz wenige Sätze mit Haupt- und Nebensätzen. Dazu passt, dass der Mann und der Hund keine Namen haben. Sie werden meist als „der Mann“ und „der Hund“ bezeichnet. Wenige Male werden sie „der Alte“ und „das Tier“ genannt.

unpersönliche Ausdrucksweise
Satzgefüge
Metapher
Satzreihe
Personifikation

6 Schreibe den Hauptteil der Textinterpretation. Gehe auch auf die Textsorte ein.

7 Verfasse nun den Schluss deiner Textinterpretation.
a. Fasse deine Analyseergebnisse zusammen.
b. Deute den Titel der Geschichte.
c. Gehe abschließend darauf ein, wie diese Geschichte auf dich wirkt oder was sie mit deinem Leben zu tun hat.

Die Textinterpretation überarbeiten

8 **a.** Überarbeite deine Textinterpretation mit Hilfe der Checkliste.
b. Schreibe anschließend deine überarbeitete Textinterpretation auf.

Checkliste: Eine Kurzgeschichte interpretieren	Ja	Nein
– Habe ich in der Einleitung den Autor, den Titel, die Textsorte, das Jahr der Veröffentlichung und das Thema genannt?	☐	☐
– Habe ich im Hauptteil die wichtigsten Handlungsschritte in eigenen Worten zusammengefasst?	☐	☐
– Bin ich auf die Merkmale der Textsorte eingegangen?	☐	☐
– Habe ich die Erzählperspektive und ihre Wirkung dargestellt?	☐	☐
– Habe ich das Verhalten der Figuren und ihre Beziehung beschrieben?	☐	☐
– Habe ich sprachliche Besonderheiten und ihre Wirkung erläutert?	☐	☐
– Habe ich meine Äußerungen durch Zitate oder Umschreibungen am Text belegt?	☐	☐
– Habe ich sachlich geschrieben?	☐	☐
– Habe ich im Präsens und bei Vorzeitigkeit im Perfekt geschrieben?	☐	☐
– Habe ich im Schluss notiert, wie ich die Kurzgeschichte verstanden habe (Titeldeutung)?	☐	☐
– Habe ich alles richtig geschrieben?	☐	☐

Ein Gedicht interpretieren

Inhalt, Aufbau und sprachliche Mittel untersuchen

Hier übst du, das Gedicht „Die Stadt“ von Theodor Storm zu analysieren.

Arbeitstechnik: Ein Gedicht analysieren und interpretieren

Wenn du ein Gedicht interpretierst, stellst du dar, wie du es verstehst. Du deutest den Inhalt und die Form des Gedichts. Dazu musst du es vorher gründlich analysiert und gut verstanden haben.
Erschließe den **Inhalt** des Gedichts.
- Kannst du den Inhalt jeder Strophe in eigenen Worten wiedergeben?
- Wird eine Situation dargestellt oder werden Gefühle und Stimmungen zum Ausdruck gebracht?
- Gibt es ein lyrisches Ich als Sprecher/-in im Gedicht?
- Wie kannst du das Thema in einem Satz beschreiben?

Arbeite die Besonderheiten des **Aufbaus** heraus. Untersuche die Strophen und Verse, das Reimschema und andere Auffälligkeiten der Form.
- Wie viele Strophen mit je wie vielen Versen hat das Gedicht?
- Welche Reimform wird verwendet?
- Welche Auffälligkeiten gibt es noch?

Untersuche das Gedicht auf **sprachliche Besonderheiten,** zum Beispiel Wiederholungen oder sprachliche Bilder.
Dabei überlegst du immer wieder, welche Wirkung und Bedeutung diese Besonderheiten für die Aussage des Gedichts haben.

1 Lies das Gedicht.

Die Stadt Theodor Storm (1817–1888)

Am grauen Strand, am grauen Meer
Und seitab liegt die Stadt;
Der Nebel drückt die Dächer schwer,
Und durch die Stille braust das Meer
Eintönig um die Stadt.

Es rauscht kein Wald, es schlägt im Mai
Kein Vogel ohn Unterlass;
Die Wandergans mit hartem Schrei
Nur fliegt in Herbstesnacht vorbei,
Am Strande weht das Gras.

Doch hängt mein ganzes Herz an dir,
Du graue Stadt am Meer;
Der Jugend Zauber für und für
Ruht lächelnd doch auf dir, auf dir,
Du graue Stadt am Meer.

2 Wie wirkt das Gedicht auf dich? Notiere spontan drei Adjektive.

3 Lies das Gedicht mehrmals und genau.

4 Untersuche nun den Inhalt des Gedichts.
Beantworte die folgenden Fragen.

- Wer spricht in dem Gedicht? Wer wird angesprochen?

- Worum geht es in Strophe 1? Notiere in Stichworten.
  Tipp: Unterstreiche zunächst Gedanken, die eher Positives ausdrücken, grün und Gedanken, die eher Negatives ausdrücken, rot.

- Worum geht es in Strophe 2? Notiere in Stichworten.
  Beachte auch hier den Tipp.

- Worum geht es in Strophe 3? Notiere in Stichworten.
  Beachte auch hier den Tipp.

5 Was ist aus deiner Sicht das Thema des Gedichts? Schreibe einen Satz.
Du kannst Wörter aus dem Wortspeicher verwenden.

Glück
Erinnerung
Wehmut
Sehnsucht
Heimat
Liebe
geliebte Stadt

Du analysierst jetzt den Aufbau und die sprachlichen Besonderheiten des Gedichts und ihre Wirkung.

6 Sieh dir das Gedicht als Ganzes an. Schreibe die Antwort in ganzen Sätzen.

- Wie viele Strophen hat das Gedicht?
- Wie viele Verse hat jede Strophe?
- Welche Reimform/-en hat der Dichter verwendet?

Paarreim
Kreuzreim
umarmender Reim

7 Untersuche das Metrum des Gedichts.

a. Lies die Verse leise. Achte dabei auf die betonten Silben.

b. Schreibe für jede betonte Silbe ein x́ und für jede unbetonte Silbe ein x neben die Verse.

Starthilfe

Am grauen Strand, am grauen Meer x x́ x x́ x x́ x x́

c. In welchen Versen ändert sich jeweils das Metrum? Markiere sie.

8 a. Vergleiche in allen drei Strophen die Reimwörter am Ende des Verses.
Was fällt dir auf?
Ergänze den Lückentext.

In Strophe 1 und Strophe 3 findet sich jeweils am Ende der Verse ________ und ________ bzw. der Verse ________ und ________ das Wort „________". Diese Verse scheinen eine besondere Bedeutung zu haben.

b. Was könnte das bedeuten? Kreuze an.

- ☐ Das Gedicht beginnt und endet mit dem Bild der Stadt am Meer, da es das zentrale Thema des Gedichts darstellt.
- ☐ Das Gedicht reimt sich nicht, die Worte am Ende der Verse haben keine besondere Bedeutung.

c. Unterstreiche weitere Wortwiederholungen im Gedicht.
Welche Wirkung haben die Wiederholungen? Schreibe einen ganzen Satz auf.

____

9 In der ersten Strophe findet sich die Personifikation „Der Nebel drückt die Dächer schwer" (Vers 3).

a. Was wird damit ausgedrückt? Ergänze die folgende Deutung.

Der Nebel wird als ________ dargestellt, welche ________ schwer drückt. Dadurch wird der ________ beschrieben, dass der Nebel sehr ________ über den Dächern hängt.

Eindruck
die Dächer
tief
Person

b. Finde eine weitere Personifikation im Gedicht. Nenne sie und erkläre ihre Wirkung.

____

____

____

10 Im Gedicht gibt es einen Wendepunkt, der durch ein bestimmtes Wort eingeleitet wird.

a. An welcher Stelle ändert sich das Gedicht stärker ins Positive? Unterstreiche das Wort und nenne die Zeile.
Zeile: ________

b. Weshalb schätzt das lyrische Ich die „graue Stadt am Meer" trotz aller Nachteile? Schreibe in dein Heft.

Jugend
Glück
Erinnerungen
verloren
fühlen

Ein Parallelgedicht schreiben

Hier übst du, ein Parallelgedicht zum Gedicht von S.51 zu verfassen.

Arbeitstechnik: Ein Parallelgedicht verfassen

Ein **Parallelgedicht** entsteht, wenn du dich beim Schreiben eines eigenen Gedichts inhaltlich und formal an das vorliegende Gedicht anlehnst. Du benutzt es als Muster, füllst es aber mit neuem Inhalt. Zum Beispiel kannst du andere Farben oder Adjektive einsetzen. Du kannst das Wetter, die Jahreszeit oder die Aussage des lyrischen Ichs verändern.

1 Lies das Gedicht „Die Stadt“ von Theodor Storm noch einmal.

Theodor Storm hat in diesem Gedicht sein Verhältnis zu seiner Heimatstadt Husum in Nordfriesland verarbeitet. Du kannst das Gedicht auf verschiedene Arten verändern.

2 Verändere die erste Strophe. Du kannst Aufgabe 2 und Aufgabe 3 alternativ auch mit einer Partnerin / einem Partner erarbeiten.

a. Setze Wörter ein, die positiv klingen.

Am ______________ Strand, am ______________ Meer
Und seitab liegt die Stadt;
Der Nebel ______________ die Dächer ______________,
Und durch die Stille braust das Meer
______________ um die Stadt.

Gestalte das Gedicht weiter so um, dass es die Stadt am Meer mit positiven Eigenschaften lobt.

b. Verändere die zweite Strophe auf gleiche Weise. Tausche Wörter aus und schreibe die neue Strophe auf die Zeilen. Du kannst die Ideen der Randspalte nutzen oder eigene Ideen verwenden.

______________	Es rauscht kein Wald, es schlägt im Mai
______________	Kein Vogel ohn Unterlass;
______________	Die Wandergans mit hartem Schrei
______________	Nur fliegt in Herbstesnacht vorbei,
______________	Am Strande weht das Gras.

kein Wald = der Wald schlägt ... kein Vogel = schlagen viel Vögel
mit hartem = mit sanftem
Wandergans= ...
Herbstesnacht = ...

3 Schreibe nun die ersten beiden neuen Strophen in dein Heft. Ergänze dann die dritte Strophe (S. 51). Schreibe zum Beispiel so:

Starthilfe
- Vers 1: *Doch hängt mein Herz nicht mehr an dir,*
- Vers 4: *verschwand inzwischen doch von hier*
- Verse 2, 3, 5: Finde eigene Lösungen.

4 Stellt euer Gedicht in digitaler Form dar und präsentiert euer Ergebnis in der Klasse.
Tipp: Ihr könnt es z. B. als Hörtext einsprechen oder ein Video zum Text gestalten.

Eine Gedichtinterpretation verfassen

Arbeitstechnik: Eine Gedichtinterpretation verfassen

Fasse die Ergebnisse deiner Analyse und Interpretation zusammen. Schreibe **sachlich** und im **Präsens.**
In der **Einleitung** nennst du den **Titel,** die **Autorin** oder den **Autor,** die **Textsorte** und das **Thema.** Im **Hauptteil** formulierst du die Ergebnisse deiner Untersuchung des Gedichts in ganzen Sätzen (Aufbau und Sprache sowie ihre Wirkung und Bedeutung).
Belege deine Aussagen **mit dem Text** (Zitate, Versangaben).
Fasse die **Aussage** des Gedichts **zusammen.**
Im **Schlussteil** kannst du deine Deutung noch einmal zusammenfassen. Dann kannst du schreiben, wie das Gedicht auf dich wirkt, oder einen Bezug zu deinem Leben herstellen.

1 Schreibe zunächst die **Einleitung** in dein Heft oder auf ein separates Blatt. Nenne darin den Titel des Gedichts, den Autor und das Thema.

In dem Gedicht „…“ von … geht es um …
Das Gedicht „…“ von … hat … zum Thema.

2 Im Hauptteil bringst du die Ergebnisse deiner Analyse des Gedichts ein. Wichtige Aspekte sind hier der Inhalt, der Aufbau, die Sprache, z. B. die Wortwiederholungen, und die Gedichtform. Verwende deine Ergebnisse der Aufgaben auf den Seiten 52 und 53.

3 Schreibe im Schlussteil einen abschließenden Gedanken zum Gedicht.
a. Welche Sicht auf die Stadt am Meer hat das lyrische Ich?
Fasse die Aussage des Gedichts zusammen.
Wähle dazu einen der beiden Satzanfänge vom Rand aus.
b. Dann kannst du auf die Wirkung des Gedichts eingehen.
Tipp: Deine Stichworte aus Aufgabe 2 auf Seite 52 können dir helfen.
Du kannst auch beschreiben, was dich nachdenklich gemacht hat.

Insgesamt wird deutlich, dass …
Zusammenfassend lässt sich sagen, dass …

4 **a.** Tauscht eure Gedichtinterpretationen aus und gebt euch gegenseitig Feedback mit Hilfe der Checkliste.
b. Überarbeite deine Gedichtinterpretation.

Feedback
- positiv formulieren
- nicht bewerten
- Vorschläge machen

Checkliste: Ein Gedicht interpretieren	*Ja*	*Nein*
– Habe ich in der Einleitung den Autor/die Autorin, die Textsorte (Gedicht), den Titel und das Thema genannt?	☐	☐
– Gebe ich den Inhalt des Gedichts mit eigenen Worten wieder?	☐	☐
– Bin ich auf Besonderheiten im Aufbau (Strophen, Verse, Reimschema, Metrum) eingegangen?	☐	☐
– Habe ich sprachliche Besonderheiten (Wiederholungen, sprachliche Bilder, Vergleiche, Personifikationen) herausgearbeitet?	☐	☐
– Bin ich immer wieder auf die Wirkung dieser Besonderheiten eingegangen?	☐	☐
– Habe ich meine Beobachtungen mit Zitaten und Verweisen auf passende Textstellen belegt?	☐	☐
– Fasse ich am Schluss meine Deutung zusammen?	☐	☐
– Habe ich auch einen Bezug zu meinem Leben hergestellt oder erklärt, wie es auf mich wirkt?	☐	☐

Einen Jugendbuchauszug interpretieren

Du untersuchst und interpretierst einen Jugendbuchauszug.

1 Lies zunächst den Titel des Jugendbuchs in Aufgabe 1b.

a. Worum könnte es in dem Buch gehen? Notiere erste Gedanken.

b. Lies nun den Textausschnitt mit dem Textknacker.

Textknacker ► S. 4

Nichts. Was im Leben wichtig ist Janne Teller

Pierre Anthon verließ an dem Tag die Schule, als er herausfand, dass nichts etwas bedeutete und es sich deshalb nicht lohnte, irgendetwas zu tun.

Wir anderen blieben.

Und auch wenn die Lehrer sich bemühten, rasch hinter ihm aufzuräumen – sowohl im Klassenzimmer als auch in unseren Köpfen –, so blieb doch ein bisschen von Pierre Anthon in uns hängen. Vielleicht kam deshalb alles so, wie es kam.

Es war in der zweiten Augustwoche. Die Sonne brannte und machte uns faul und leicht reizbar, der Asphalt klebte an den Sohlen unserer Turnschuhe, und die Äpfel und Birnen waren gerade eben so reif, dass sie perfekt als Wurfgeschoss in der Hand lagen. Wir schauten weder links noch rechts. Der erste Schultag nach den Sommerferien. Das Klassenzimmer roch nach Reinigungsmitteln und langem Leerstehen, die Fensterscheiben warfen gestochen scharfe Spiegelbilder, und an der Tafel hing kein Kreidestaub. Die Tische standen in Zweierreihen so gerade wie Krankenhausflure und wie sie es nur an ebendiesem einen Tag im Jahr tun. […]

Wir gingen zu unseren Plätzen, ohne uns über die vorgegebene Ordnung aufzuregen. Kommt Zeit, kommt Rat, kommt Unordnung. Aber nicht heute! Eskildsen begrüßte uns mit demselben Witz wie in jedem Jahr. „Kinder, freut euch über den heutigen Tag", sagte er. „Ohne Schule gäbe es auch keine Ferien."

Wir lachten. Nicht, weil wir das witzig fanden, sondern weil er es sagte.

Genau da stand Pierre Anthon auf.

„Nichts bedeutet irgendetwas", sagte er. „Das weiß ich schon lange. Deshalb lohnt es sich nicht, irgendetwas zu tun. Das habe ich gerade herausgefunden." Ganz ruhig bückte er sich und packte die Sachen, die er gerade herausgenommen hatte, wieder in seine Tasche. Mit gleichgültiger Miene nickte er uns zum Abschied zu und ging hinaus, ohne die Tür hinter sich zu schließen.

Die Tür lächelte. Es war das erste Mal, dass ich sie das tun sah. Mir kam die angelehnte Tür wie ein breit grinsendes Maul vor, das mich verschlingen würde, wenn ich mich dazu verlocken ließ, Pierre Anthon nach draußen zu folgen. Wem lächelte es zu? Mir, uns allen. Ich sah mich in der Klasse um, und die ungemütliche Stille sagte mir, dass die anderen es auch bemerkt hatten.

Aus uns sollte etwas werden.

Etwas werden bedeutete jemand werden, aber das wurde nicht laut gesagt. Es wurde auch nicht leise gesagt. Das lag einfach in der Luft oder in der Zeit oder im Zaun rings um die Schule oder in unseren Kopfkissen oder in den Kuscheltieren, die, nachdem sie ausgedient hatten, ungerechterweise irgendwo auf Dachböden oder in Kellern gelandet waren, wo sie Staub ansammelten. Ich wusste es nicht. Pierre Anthons lächelnde Tür erzählte es mir. Mit dem Kopf wusste ich es immer noch nicht, aber trotzdem wusste ich es.

Ich bekam Angst. Angst vor Pierre Anthon.

Angst. Mehr Angst. Am meisten Angst.

Untersuche den Inhalt des Textausschnitts genauer.

2 Was erfährst du über die Hauptfigur/-en und ihre Situation? Tausche dich mit einer Lernpartnerin /einem Lernpartner aus und notiere in Stichworten oder ganzen Sätzen.

Pierre Anthon
„Wir“= Mitschüler/ Mitschülerinnen
Eskildsen

3 Welche Fragen sind für dich noch offen? Formuliere zwei Fragen, die der Text aus deiner Sicht (noch) nicht beantwortet. Wähle aus den folgenden Vorschlägen oder formuliere eigene Fragen.

- Hat Pierre Anthon in den Ferien etwas erlebt, das ihn zum Weggehen motiviert?
- Was halten die Mitschüler/-innen von Pierre Anthons Verhalten?
- Wie reagieren die Lehrkräfte?
- Was meint Pierre Anthon damit, dass nichts etwas bedeutet?

1.

2.

Untersuche die sprachlichen Mittel, die im Text verwendet werden, genauer.

4 Ordne den Wortgruppen die entsprechenden Stilmittel zu. Schreibe die passenden Stilmittel in die Tabelle. Es kann auch mehr als ein Stilmittel passen.

Personifikation
Metapher
Wiederholung
Vergleich
Steigerung
Gegensatz

Beispiel	Stilmittel
Die Tür lächelte. (Z. 26)	
Ich bekam Angst. Angst vor Pierre Anthon. (Z. 38)	
Angst. Mehr Angst. Am meisten Angst. (Z. 39)	
... breit grinsendes Maul, das mich verschlingen würde ... (Z. 27)	

Die Autorin arbeitet die Stilmittel in den Text ein, um eine bestimmte Wirkung zu erzielen.

5 Der Satz „Die Tür lächelte." (Z. 26) enthält das Stilmittel „Personifikation". Die Tür (also ein lebloser Gegenstand) tritt im Text als Person auf.

a. Welche Wirkung wird dadurch erzielt? Wähle eine Deutung aus.

☐ Die Leser sind irritiert und werden zum weiteren Denken angeregt. Die Tür könnte auf Pierre Anthons Mitschüler anziehend wirken, sie wollen vielleicht auch weg.

☐ Die Leser sind irritiert und fragen sich, was das soll. Eine Tür kann ja nicht lächeln. Die Tür könnte über das ganze Geschehen lachen, das sinnlos erscheint.

b. Untersuche die weiteren Beispiele.
Ergänze in der Tabelle zu jedem Beispiel die mögliche Wirkung. Du kannst die Randspalte nutzen.
Es kann mehr als eine Lösung passen.

Beispiele	**Wirkung der Stilmittel**
„Ich bekam Angst. Angst vor Pierre Anthon". (Z. 38)	
„Angst. Mehr Angst. Am meisten Angst." (Z. 39)	
„... breit grinsendes Maul, das mich verschlingen würde ..." (Z. 27)	

Wirkung:
betont
verstärkt
veranschaulicht einen Sachverhalt
veranschaulicht ein Gefühl

Im zweiten Textausschnitt wird mehr über Pierre Anthons Gründe gesagt: warum er nicht mehr zur Schule gehen will und warum er seine Zeit auf dem Pflaumenbaum verbringt. Du untersuchst seine Gründe genauer.

6 a. Lies nun, wie die Geschichte weitergeht.
b. Markiere die wörtlichen Aussagen von Pierre Anthon beim Lesen.

Wir lebten in Tæring, einem Vorort einer mittelgroßen Provinzstadt. Er war nicht vornehm, aber ziemlich. Daran wurden wir oft erinnert, auch wenn es nicht laut gesagt wurde. Auch nicht leise. Ordentlich gemauerte, gelb verputzte Häuschen und rote Eigenheime mit Gärten ringsum, neue graubraune Reihenhäuser mit Vorgärten, und dann die Wohnungen, wo die wohnten, mit denen wir nicht spielten. Es gab auch ein paar alte Fachwerkhäuser und ehemalige Bauernhöfe, deren Land eingemeindet worden war, und einige wenige weiße Villen, wo die wohnten, die noch mehr ziemlich vornehm waren als wir anderen.

Die Schule von Tæring lag an einer Ecke, wo zwei Straßen aufeinandertreffen. Alle, bis auf Elise, wohnten an der einen, dem Tæringvej. Elise machte manchmal einen Umweg, um mit uns anderen zur Schule zu gehen. Jedenfalls bis Pierre Anthon nicht mehr zur Schule ging.

Pierre Anthon wohnte mit seinem Vater und der Kommune im Tæringvej Nr. 25, einem ehemaligen Bauernhof. Pierre Anthons Vater und die Kommune waren Hippies, die in den Achtundsechzigern stecken geblieben waren. Das sagten unsere Eltern, und auch wenn wir nicht richtig wussten, was das bedeutete, sagten wir das auch. Im Vorgarten dicht an der Straße stand ein Pflaumenbaum. Der Baum war groß und alt und krumm und neigte sich über die Hecke und lockte mit bereift-staubigen Victoria-Pflaumen, die für uns unerreichbar waren. In vergangenen Jahren waren wir hochgesprungen, um sie zu erwischen. Damit hörten wir auf. Pierre Anthon war von der Schule abgegangen, um im Pflaumenbaum zu sitzen und mit unreifen Pflaumen zu werfen. Manche trafen uns. Nicht, weil Pierre Anthon auf uns zielte, das sei die Mühe nicht wert, beteuerte er. Der Zufall wolle es halt so.

Und er rief hinter uns her.

„Alles ist egal", schrie er eines Tages. „Denn alles fängt nur an, um aufzuhören. In demselben Moment, in dem ihr geboren werdet, fangt ihr an zu sterben. Und so ist es mit allem."

„Die Erde ist vier Milliarden sechshundert Millionen Jahre alt, aber ihr werdet höchstens hundert!", rief er an einem anderen Tag.

„Das Leben ist die Mühe überhaupt nicht wert."

Und er fuhr fort:

„Das Ganze ist nichts weiter als ein Spiel, das nur darauf hinausläuft, so zu tun als ob – und eben genau dabei der Beste zu sein."

Es hatte übrigens bisher nichts darauf hingedeutet, dass Pierre Anthon der Klügste von uns war, aber plötzlich wussten wir es alle. Denn irgendetwas hatte er begriffen. Auch wenn wir uns nicht trauten, das zuzugeben. Weder unseren Eltern noch den Lehrern oder den anderen gegenüber.

Nicht einmal uns selbst gegenüber. Wir wollten nicht in der Welt leben, von der uns Pierre Anthon erzählte. Aus uns sollte etwas werden, wir wollten jemand werden.

Die lächelnde Tür nach draußen lockte uns nicht.

Gar nicht. Überhaupt nicht!

Deshalb kamen wir darauf. Das ist vielleicht ein bisschen übertrieben, denn eigentlich brachte uns Pierre Anthon auf die Idee. Es war eines Morgens, nachdem Sofie zwei harte Pflaumen unmittelbar nacheinander am Kopf getroffen hatten und sie richtig wütend auf Pierre Anthon geworden war, weil er einfach nur da oben in diesem Baum saß und uns andere entmutigte.

„Du sitzt bloß da und gaffst in die Luft. Ist das vielleicht besser?", rief sie.

„Ich gaffe nicht in die Luft", antwortete Pierre Anthon ruhig. „Ich schaue in den Himmel und übe mich darin, nichts zu tun."

„Den Teufel tust du!", schrie Sofie wütend und warf ein Stöckchen nach oben in den Pflaumenbaum zu Pierre Anthon, aber es landete in der Hecke tief unter ihm.

Pierre Anthon lachte und rief so laut, dass es bis zur Schule zu hören war:

„Wenn es etwas gibt, über das es sich lohnt, sauer zu werden, gibt es auch etwas, worüber es sich lohnt, sich zu freuen. Wenn es etwas gibt, über das es sich lohnt, sich zu freuen, gibt es auch etwas, was etwas bedeutet. Aber das gibt es nicht!" Er hob die Stimme noch mehr und brüllte: „In wenigen Jahren seid ihr alle tot und vergessen und nichts, also könnt ihr genauso gut sofort damit anfangen, euch darin zu üben."

Da wurde uns klar, dass wir Pierre Anthon wieder vom Pflaumenbaum herunterholen mussten.

c. Lies noch einmal die beiden Fragen, die du in Aufgabe 3 notiert hast. Überfliege den zweiten Teil des Buchauszugs und formuliere Antworten zu den Fragen. Ergänze jeweils die Zeilenangaben zu passenden Textstellen.

1. __________

2. __________

In der Geschichte gibt es einen Punkt, an dem sich etwas entscheidend ändert.

7 Bisher verhielten sich die Mitschüler/ -innen von Pierre Anthon eher passiv.

a. Wann ändert sich ihr Verhalten? Notiere die Textstelle.

b. Wodurch werden die Mitschüler/-innen aktiviert?
Beschreibe, wie Pierre Anthons Meinung und Verhalten auf sie wirkt.

Pierre Anthon:
findet Schule nicht sinnvoll
das Leben ist kurz, man stirbt sowieso
nichts ist von Dauer
findet nichts bedeutungsvoll

c. „Die lächelnde Tür nach draußen lockte uns nicht. Gar nicht. Überhaupt nicht!“ (Z. 40–41).
Diese Aussage stammt von Pierre Anthons Mitschülerin Agnes, die diese Geschichte erzählt. Glaubst du ihr?
Schreibe deine Meinung auf und begründe sie. Beziehe auch die sprachlichen Mittel in dem zitierten Satz mit ein.

sprachliche Mittel:
nicht - gar nicht - überhaupt nicht (Steigerung)
überhaupt nicht! (Ausrufezeichen)

In der folgenden Aufgabe übst du das Schreiben zu literarischen Texten. Du bereitest das Schreiben eines Briefes vor.

8 Die Mitschüler/-innen möchten Pierre Anthon vom Pflaumenbaum herunterbringen. Du bist ein Brieffreund/eine Brieffreundin von Agnes. Sie hat dich deshalb um Rat gefragt.
Schreibe einen Brief, in dem du Ratschläge gibst. Begründe deine Ratschläge durch Argumente.

a. Bereite den Brief vor. Erstelle zunächst einen Cluster mit deinen ersten Ideen. Schreibe in dein Heft. Lass Platz für spätere Ergänzungen (Aufgabe c).

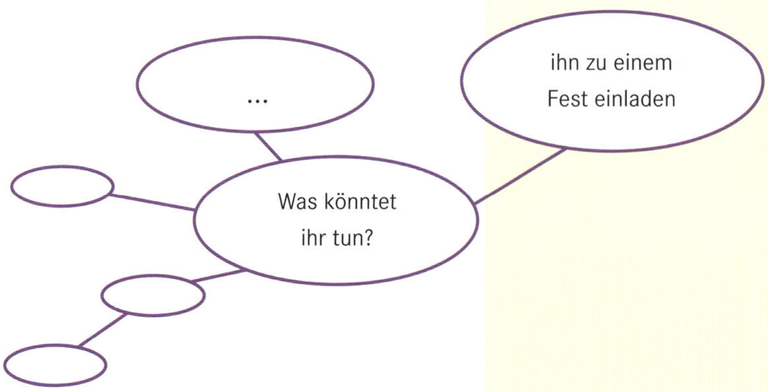

b. Setz dich mit der Figur Pierre Anthon auseinander, um dein Cluster mit den Ratschlägen noch erweitern zu können.
Versuche, dich in Pierre Anthons Situation zu versetzen. Beantworte folgende Fragen aus seiner Sicht ins Heft. Bei manchen Antworten kannst du nur Vermutungen anstellen. Schreibe eigene Ideen oder nutze die Randspalte.
- Wer bin ich (Name, Alter)?
- Was passiert im Moment in meinem Leben?
- Was wünsche ich mir von den Lehrkräften (und Eltern)?
- Was wünsche ich mir von meinen Mitschülerinnen/Mitschülern?

c. Erweitere dein Cluster im Heft mit deinen Ergebnissen von Aufgabe b.

Freund/Freundin haben
jemand zu mir einladen
gemeinsam an der Schule etwas ändern
Erwachsene hören mir zu
eine Reise unternehmen
mehr Abenteuer im Leben

9 Schreibe den Brief an Agnes.

a. Beachte, dass dein Text in drei Teile gegliedert sein muss. Schreibe zunächst die Einleitung.

Einleitung
Hauptteil
Schluss

Liebe Agnes,

danke für deinen Brief von letzter Woche. Ich habe mir Gedanken zu eurem Problem gemacht und ...

b. Formuliere den Hauptteil. Beginne den Hauptteil zum Beispiel so:

Jetzt zu meinen Überlegungen: Um Pierre Anthon vom Baum zu locken, könntet ihr erstens versuchen, ...

Sprachspeicher
Zum einen wäre es möglich, dass ...
Andererseits könnt ihr auch ...
Vielleicht versucht ihr mal ...
Wenn das nicht hilft, dann könnt ihr ...
Eine Möglichkeit wäre auch, dass ...

c. Schreibe einen Schluss für deinen Brief. Nutze den folgenden oder schreibe einen eigenen Schluss.

So, das waren meine Vorschläge. Ich hoffe sehr, sie helfen euch!

Hoffentlich sehen wir uns bald wieder.

Viele Grüße

Dein/-e ...

10 Überprüfe deinen Text mit Hilfe der Checkliste.

Checkliste: Einen Brief mit Ratschlägen an einen Freund/eine Freundin schreiben	*Ja*	*Nein*
– Habe ich in der Einleitung das Thema meines Briefes genannt?	☐	☐
– Habe ich im Hauptteil mindestens zwei Ratschläge geschrieben?	☐	☐
– Habe ich verständlich erklärt, was ich vorschlage?	☐	☐
– Habe ich meine Vorschläge begründet?	☐	☐
– Sind meine Satzanfänge abwechslungsreich?	☐	☐
– Habe ich den Schluss durch eine zusammenfassende Bemerkung eingeleitet?	☐	☐
– Habe ich alle Wörter richtig geschrieben?	☐	☐
– Habe ich alle Satzzeichen gesetzt?	☐	☐

Rechtschreibstrategien und Regeln

Regelwissen anwenden: Nominalisierungen und Eigennamen großschreiben

1 Ordne die hervorgehobenen Großschreibungsfälle in eine Tabelle im Heft.

Windkraftwerke lernen schwimmen

Je tiefer das Wasser, desto stärker der Wind darüber, das weiß man schon lange. Auf einer schwimmenden Plattform riesige Windräder installieren? Gute Idee, aber das Umsetzen solcher Einfälle ist selten leicht zu realisieren. Einen Koloss von mehr als 20 000 Tonnen will ein norwegisches Unternehmen zu Wasser lassen. Darauf sollen mehr als 30 Windräder platziert werden. Beim Planen war den Ingenieuren klar, dass viel Neues erfunden werden musste, damit die technische Herausforderung bewältigt wird. Ihr Erfinden könnte aber die Energieprobleme der Zukunft lösen. Allein in Europa ließen sich auf diese Weise pro Jahr etwa 8 000 Terawattstunden produzieren. Zum Vergleich: Der jährliche Stromverbrauch in der EU betrug 2010 ca. 3 500 Terawattstunden.

Starthilfe

Großschreibung durch:			
Artikel	Präpositionen	unbestimmte Zahlwörter	Possessivpronomen
das Umsetzen,	...	...	...

2 **a.** Ordne die folgenden Nominalisierungen in die Tabelle aus Aufgabe 1 ein.
b. Schreibe mit jeweils einer Nominalisierung pro Spalte einen Satz in dein Heft.

etwas Schönes, durch Lesen, beim Laufen, kaum Richtiges, viel Böses,
unser Üben, ein Flüstern, das Sparen, dein Weglaufen, zum Schreien,
das Gehen, ihr Singen, im Liegen, wenig Gutes, am Atmen, mein Reden

Merkwissen

Bei **mehrteiligen Eigennamen** werden alle Wörter außer Artikel, Konjunktionen und Präpositionen großgeschrieben.
Ableitungen von geografischen Eigennamen auf **-er** werden immer großgeschrieben, z. B.: der **Tilsiter** Käse.

3 Schreibe die Eigennamen richtig in dein Heft.

DIE VEREINTEN NATIONEN DER SCHIEFE TURM ZU PISA DER ROTE PLATZ
DIE BERLINER LUFT DAS KAMENER KREUZ
DIE FRANZÖSISCHE REVOLUTION DIE HOLSTEINISCHE SCHWEIZ
DAS SCHWARZE MEER DIE FREIE DEMOKRATISCHE PARTEI
DIE OSTFRIESISCHEN INSELN DER DORTMUNDER RAUM
DER SCHWEIZER KÄSE DAS ALTE RATHAUS DIE GRÜNE WOCHE

Regelwissen anwenden: Zusammen- und Getrenntschreibung von Wortgruppen

(R)

Merkwissen

Wortgruppen schreibt man in der Regel getrennt. Es gibt jedoch einige Ausnahmen:
- Adjektiv + Verb werden zusammengeschrieben, wenn das zusammengesetzte Verb eine neue Bedeutung hat: schwer + fallen → schwerfallen → Mühe bereiten.
- Nomen + Verb oder Verb + Verb bilden mit Hilfe der Wörter **das, zum, beim, im, am** und **vom** zusammengesetzte Nomen: Rad fahren → das Radfahren.
- Aus Wortgruppen können Zusammensetzungen werden: rot wie Feuer → feuerrot.

Bei Wortgruppen aus Adjektiv + Verb kommt es auf die Bedeutung an.

1 **a.** Ergänze die Satzanfänge mit passenden Wörtern vom Rand. Prüfe jeweils, ob das Verb oder die Wortgruppe in dem Satz eine neue Bedeutung hat.

b. Schreibe mit zwei Beispielen vom Rand eigene Sätze in dein Heft oder auf ein separates Blatt. Verwende dabei die neue Bedeutung.

Der Richter wird den Angeklagten wegen erwiesener Unschuld ________.

Als Lehrperson muss man im Unterricht ________ können.

Durch dummes Gerede kann man seinen besten Freund ________.

Kevin sollte seine Hausaufgaben nicht immer so ________.

Nach dem Unterricht sollte man die Klassentür nicht ________.

Die Antwort auf deine Frage muss ich leider noch ________.

freisprechen
frei sprechen
schlechtmachen
schlecht machen
offenlassen
offen lassen

2 Schreibe mit jeder Wortgruppe zwei eigene Sätze in dein Heft. Verwende einmal die übertragene und einmal die direkte Bedeutung.

richtig/stellen schön/reden schief/gehen

Merkwissen

Aus Wortgruppen können neue Wörter zusammengesetzt werden. Man schreibt die neuen Wörter zusammen.

3 **a.** Bilde aus den Wortgruppen Zusammensetzungen.

b. Schreibe mit jeder Zusammensetzung einen eigenen Satz in dein Heft oder auf ein separates Blatt.

durch die Nässe kalt – *nasskalt*	an irgendeinem Ort ________
Mit Bitterkeit böse – ________	auf irgendeine Weise ________
mehrere Stunden lang – ________	irgendeine Person ________

Wenn Wortgruppen aus **Nomen + Verb** oder **Verb + Verb** nominalisiert werden, schreibst du sie zusammen.

4 a. Markiere im Text die getrennt geschriebenen Wortgruppen aus Nomen + Verb und Verb + Verb.
b. Schreibe den Text in dein Heft oder auf ein separates Blatt.

Ich will mal ein neues Hobby ausprobieren. Fußball spielen macht mir nicht mehr so viel Spaß. Vielleicht könnte ich mehr schwimmen gehen, Fahrrad fahren oder im Winter Schlittschuh laufen? Vor dem Eisstadion muss man allerdings oft Schlange stehen. Und natürlich den Ansagen der Stadionsprecher Folge leisten. Gitarre spielen interessiert mich auch. Da sollte ich dann allerdings ausreichend spielen üben. Oder vielleicht ein Haustier halten? Z. B. einen Papagei, mit dem könnte ich sprechen üben.

5 a. Bilde mit den Wortgruppen Nomen + Verb aus Aufgabe 4 zusammengesetzte Nomen. Verwende die Wörter **das, zum, beim** und **vom.**

das Fußballspielen,

b. Bilde auch mit den Wortgruppen vom Rand zusammengesetzte Nomen.

Ski/laufen
Kaffee/trinken
Diät/halten
Computer/spielen
Maß/halten

6 a. Bilde mit den Wortgruppen Verb + Verb aus Aufgabe 4 zusammengesetzte Nomen. Verwende die Wörter **das, zum, beim** und **vom.**
b. Bilde auch mit den Wortgruppen vom Rand zusammengesetzte Nomen.

beim Schwimmengehen,

liegen bleiben
kennen lernen
platzen lassen
tanzen üben
rechnen üben
stehen lassen

7 a. Schreibe die folgenden Sätze in der richtigen Schreibweise auf.
b. Schreibe dazu, welche Wortgruppe in dem Satz vorkommt:
Nomen + Verb, Verb + Verb, Adjektiv + Verb.
c. Markiere die Wortgruppe in deinen Sätzen.

Achtung: Fehler!

Vielemöchtenimstadionmusikhören.

Dakönnensiebesserlaufenüben.

Undsichdadurchleichterwarmhalten.

Regelwissen anwenden: Schreibung von Straßennamen

(R)

Merkwissen

Straßennamen mit einem Orts- oder Ländernamen mit der Endung -er schreibt man getrennt und groß: Ulmer Straße, Französischer Platz.
Straßennamen aus mehrteiligen Personennamen schreibt man mit Bindestrichen und groß: Albrecht-Dürer-Platz, Sophie-Charlotte-Straße.
Aus Nomen zusammengesetzte Straßennamen schreibt man zusammen: Schlossstraße, Ulmenweg.

1 Lies den folgenden Text.

Was sagen die Straßennamen über die Stadt?

An den Straßennamen lässt sich viel über die Geschichte einer Stadt ablesen. Im fränkischen Bamberg spielte die Kirche viele Jahrhunderte lang eine herausragende Rolle. Straßennamen wie Heiliggrabstraße, Nonnenbrücke, Abt-Wolfram-Ring oder Maria-Ward-Straße zeugen davon. Maria Ward war die Begründerin eines Frauenordens, der noch heute in der Stadt eine Schule betreibt. Auch die weltlichen Herrscher wurden in den Straßennamen geehrt, so gibt es zum Beispiel eine Herzog-Max-Straße oder eine Ludwigstraße, benannt nach dem bayrischen König Ludwig. Auch die geografische Lage eines Ortes spielt bei den Straßennamen eine Rolle. So bezeichnen die Straßennamen oft Städte oder Dörfer, in welche die so benannte Straße führt. In Bamberg gibt es z. B. eine Altenburger Straße, die in das nahe gelegene Dorf Altenburg führt. Die Würzburger Straße und die Schweinfurter Straße führen in weiter entfernte größere Städte.

2 **a.** Unterstreiche die Straßennamen und trage jeweils zwei in die Tabelle ein.
b. Suche zu jeder Schreibung ein weiteres Beispiel aus deiner Umgebung.

Straßennamen mit Orts- oder Ländernamen auf -er	Straßennamen mit mehrteiligen Personennamen	Aus Nomen zusammengesetzte Straßennamen

3 Streiche die falschen Schreibungen durch.

1. Kastanienallee – Kastanien-Allee – Kastanien Allee
2. Martin Luther Allee – Martin-Luther-Allee – Martin Lutherallee
3. Einstein Straße – Einstein-Straße – Einsteinstraße
4. Fürtherweg – Fürther Weg – Fürther-Weg
5. Potsdamer-Platz – Potsdamerplatz – Potsdamer Platz

Achtung: Fehler!

4 Schreibe die Straßennamen in der richtigen Schreibung in dein Heft.

Frau Dr. Ingrid Bergmann
Halberstädter-Chaussee 27
39116 Magdeburg-Ottersleben

Firma Heizpilz
Birken Allee 12
12457 Berlin

Bäckerei Hinz
Richard von Weizsäcker Platz 6
33699 Bielefeld-Hillegossen

Firma „Alles fürs Büro"
Sächsischestraße 79
04157 Leipzig

Achtung: Fehler!

Regelwissen anwenden: Fremdwörter richtig schreiben

1 **a.** Schreibe die hervorgehobenen Fremdwörter in eine Tabelle im Heft. Schreibe Nomen mit Artikeln und Verben im Infinitiv auf.
b. Ergänze in der zweiten Spalte die Bedeutung mit deutschen Wörtern.
Tipp: Nutze ein Wörterbuch und ein Lexikon.
c. Ergänze in der dritten Spalte die Wortart.

Das Business mit der Schönheit

Das Geschäft mit dem Aussehen floriert. Die Leute investieren zunehmend mehr Geld in Kosmetik, derzeit sind es in Deutschland etwa 150,- Euro pro Person im Jahr. Offensichtlich rentiert sich die Produktion von Mitteln, die die Illusion aufrechterhalten, eine gute „Optik“ könne auf chemischem Wege gefördert und der Alterungsprozess verlangsamt werden. Neuerdings gerät auch die Zielgruppe der Männer permanent unter den Beschuss des Marketings dieser Branche. Dabei dominieren Angriffe auf ausgerechnet jene Domänen unverfälschter Männlichkeit, die einstmals garantiert frei waren von Aloe Vera und ihren duftigen Verwandten. Kaum transpiriert der aktive Mann in der Werbung beim Dribbeln mit dem Ball oder beim Bankdrücken, so sprüht er sich umgehend schuld- und schweißbewusst den aktuellen Geruchskiller mit dem coolen Kick unter die Achseln. Ungefähr 25 Minuten benötigt jeder Bundesbürger im Durchschnitt morgens für sein Styling. Dabei verbraucht er nicht nur eine Menge Wasser, Seife und Creme, auch Lippenstift, Eyeliner, Aftershave, Deodorant und Parfüm kommen für den angestrebten Look zum Einsatz.

Faltenfrei und jugendlich lautet die Devise. Sie beschert uns Abertausende von Töpfchen und Tiegelchen, in denen häufig – mit einer Emulsion aus Öl und Wasser verrührt – gemahlene Bestandteile seltener Pflanzen und Tiere aus den eklatant schrumpfenden Regenwäldern unserer Haut schmeicheln wollen.

Die Hersteller der diversen Anti-Aging-Produkte profitieren gut von ihren leeren Versprechungen. Wenn dann beim morgendlichen Blick in den Spiegel allzu offensichtlich wird, dass all die Produkte keinerlei Nutzen hatten, werden Falten an Po, Bauch und im Gesicht mit chirurgischen Mitteln gestrafft.

Teuer, riskant, und nur auf den ersten Blick wirkungsvoll, denn die Narben werden später doch sichtbar – alles nach dem Motto „Schönheit um jeden Preis“.

Starthilfe

Fremdwort	Bedeutung	Wortart
das Business	das Geschäft	Nomen
florieren	...	...

2 Schreibe zu den Erklärungen passende Fremdwörter aus dem Text auf.

sich günstig entwickeln: florieren

die Körper- und Schönheitspflege: ______

Wahl-, Leitspruch: ______, ______

Waren, die das Altern hemmen sollen: ______

ein Mittel, das unangenehmen Geruch verhindern soll: ______

3 a. Ordne Wörter mit den folgenden Endungen aus dem Text in die Tabelle ein. Verwende dabei die Grundformen (z. B. Infinitiv oder Nominativ).
b. Ordne auch die Fremdwörter vom Rand in die Tabelle ein.

Endung	Beispiele
-ieren	florieren,
-(t)ion	
-ik	
-ent	
-ing	
-iv	
-mus	

die Klassik, der Realismus, die Ethik, das Timing, die Physik, analysieren, die Operation, experimentieren, das Archiv, servieren, probieren, der Expressionismus, die Innovation, negativ, passiv, das Meeting, das Element, trainieren, eloquent, der Naturalismus

4 Einige Fremdwörter werden mit **ph** und **th** geschrieben. Schreibe mit den Fremdwörtern mit **ph** und **th** jeweils einen Satz in dein Heft. Verwende ein Wörterbuch oder Lexikon, wenn du ein Wort nicht kennst.

das Phänomen, die Phase, die Philharmoniker, die Philosophie, der Phosphor, das Theater, die Theke, das Thema, die Theologie, die Theorie, die Therapie, das Thermalbad, die Thermik, die These

5 a. Ergänze passende Fremdwörter aus der Informatik.
b. Schreibe weitere Fremdwörter aus dem Bereich Informatik in dein Heft.

Rechner: ______ Netzauftritt: ______

Startseite: ______ Netzadresse: ______

herunterladen: ______

6 Ergänze im Text passende Fremdwörter vom Rand.

Das Web der Zukunft ist eine Wolke

Im Internet wird die nächste ______ der Computerbranche eingeläutet: ______ heißt die Zukunft. Der Grundgedanke beim Cloud Computing ist, dass alle Anwendungen im ______ laufen – von einfacher ______ bis hin zu kompletten Betriebssystemen. Der ______ muss sich keine teure ______ anschaffen, sich nicht regelmäßig Gedanken um die ______ des ______ machen und auch keine Software mehr kaufen. So angesagt Cloud Computing auch ist, problematisch dürfte bei dieser ______ der Schutz persönlicher Daten werden.

~~Internet~~, Software, Revolution, Aktualisierung, Technik, Cloud Computing, User, System, Hardware, Web

Zeichensetzung

Zeichensetzung beim Zitieren

(R)

Arbeitstechnik: Wörtlich zitieren

Beim Zitieren übernimmst du aus Texten (z. B. aus Büchern, Erzählungen, Zeitungs- oder Sachtexten) Wörter, Wortgruppen oder Sätze in deinen Text, ohne sie zu verändern.
- Setze die übernommenen Textteile in Anführungszeichen.
- Wenn du Wörter in einem Zitat auslässt, füge an der Stelle Auslassungszeichen [...] ein.
- Gib in Klammern die Quelle und die Textstelle an, aus der du zitierst. Wenn klar ist, aus welchem Text du zitierst, reichen die Zeilenangabe oder Seiten- und Zeilenangabe. Ansonsten musst du auch den Autor oder die Autorin und den Titel des Textes nennen.

1 Setze die fehlenden Satzzeichen bei den fünf Zitaten.

Reinhold Messner – immer ein Ziel vor Augen

Reinhold Messner ist einer der bekanntesten Bergsteiger der Welt.
In einem Interview vergleicht er den Berg mit einem Ziel im Leben, das man immer vor Augen haben muss. Die Interviewer fragten Aber manchmal weiß man einfach selbst nicht so genau, was man will, kennen Sie das nicht? Nein, ich weiß, was ich will antwortet darauf Messner. Er fährt fort Das habe ich im Laufe der Zeit gelernt. Zwischen zehn und 25 war ich ein begeisterter Felskletterer. Damals ist mir wohl der Instinkt zugewachsen für später. Der Mann, der alle 14 Achttausender dieser Erde bezwungen hat, erinnert sich Wenn man mir mit zwanzig gesagt hätte, gehe doch mal mit zum Everest, hätte ich gesagt, ich bin doch kein Schneetreter! Das ist ja kein Klettern! Ich war damals mit Haut und Haaren Felskletterer. Dennoch reiste Messner 1970 zum Nanga Parbat, um die Rupalwand zu erklimmen, die höchste Wand der Welt. Über sie hatte Hermann Buhl, der beste Kletterer der 1950er Jahre, geschrieben, sie bleibe für alle Zeiten unmöglich. Das war der Grund für mich mitzufahren, übrigens der einzige begründet Messner seine Teilnahme an der Expedition.*

Achtung: Fehler!

2 Zitiere auf den Linien die zwei markierten Textstellen und setze die Satzzeichen.

Messner berichtet über den Umbruch in seinem Leben nach der Expedition zum Nanga Parbat:
Nachher aber konnte ich nie mehr klettern wie zuvor. Weil ich mir die Zehen erfroren hatte, die mir zum Teil amputiert wurden. Ich hätte nie mehr anschließen können an mein Kletterkönnen von 1969. 1970 kam der erste Umbruch in mein Leben. [...] Ich habe im Januar 1971 als Mittelschullehrer gekündigt und mir gesagt, ich tue das, was ich immer am liebsten getan habe: Ich gehe wieder auf Abenteuersuche.
Also wurde ich Höhenbergsteiger, zum Spezialisten in einer Disziplin, die ich erst zu erlernen hatte. Ich habe von Älteren genau abgeschaut, wie sie was tun und warum – was ich richtig und was ich falsch fand, und habe das Himalaja-Bergsteigen eingebaut in meine Miniexpeditionen. Bald konnte ich alles selbst finanzieren. Ich war der Erste, der einen Achttausender gemacht hat mit nix! Andere haben 300 000 Euro gebraucht, ich 10 000 für das gleiche Ziel.*

Messner erklärt

fährt er fort.

Komma in Adverbialsätzen (R)

Merkwissen

In einem Satzgefüge werden Nebensätze vom Hauptsatz durch Komma abgetrennt.
Der Nebensatz kann am Anfang, in der Mitte oder am Ende des Satzgefüges stehen.
Am Anfang des Nebensatzes steht häufig eine Konjunktion (**als, da, weil, wenn, dass, obwohl, nachdem**), z. B.:
Gestern waren wir im Freibad, **weil** es über 30 Grad warm war.
Obwohl es abends sehr schwül war, gab es kein Gewitter.

1 Lies den folgenden Text.

Achtung: Fehler!

Da er einen Ferienjob sucht, überdenkt Paul noch einmal seine Interessen.

Bis jetzt war noch nichts Passendes für ihn dabei obwohl er schon mehrere Praktika absolviert hat.

Ihm wird oft gesagt dass er gut auf andere Menschen eingehen könne.

Paul erinnert sich an den Tipp seiner Klassenlehrerin dass er einmal seine Interessen auf einem Blatt Papier aufschreiben solle.

Da ihm dieser Tipp einleuchtet befolgt er ihn.

Es sollte unbedingt etwas Kommunikatives sein weil er gern mit Menschen zu tun hat.

2 a. Setze in den Satzgefügen die fehlenden Kommas.
b. Kreise die Konjunktion ein und markiere das Komma.
c. Unterstreiche die Nebensätze einmal und die Hauptsätze zweimal.

3 Der folgende Text enthält sechs Satzgefüge.
a. Kreise die Konjunktionen ein und markiere das Komma.
b. Unterstreiche die Nebensätze einmal und die Hauptsätze zweimal.
c. Schreibe den Text in dein Heft oder auf ein separates Blatt.

Praktikum im Reisebüro

Pauls Schwester stellte ihm ihre Freundin vor, weil sie Filialleiterin in einem Reisebüro ist. Die Freundin gab Paul den Rat, dass er in einem ihr bekannten Reisebüro nach einem Ferienjob fragen sollte. Als er sich gleich am nächsten Tag auf den Weg dorthin machte, war er sehr aufgeregt. Er konnte sich nicht vorstellen, wie das Gespräch verlaufen würde. Er musste wohl einen guten Eindruck hinterlassen haben, da er schon am nächsten Tag einen Anruf mit einer Zusage bekam.

4 a. Formuliere eigene Satzgefüge mit den Konjunktionen vom Rand.
Schreibe in dein Heft oder auf ein separates Blatt.
Stelle den Nebensatz einmal nach hinten und einmal nach vorn.
b. Kreise die Konjunktion ein und markiere das Komma.

während
wenn
als

Wenn ich einen Ferienjob suche, schaue ich nach meinen Jnteressen.

Jch schaue nach meinen Jnteressen, wenn ich einen Ferienjob suche.

Regelwissen anwenden: Komma in Nebensätzen mit *das* oder *dass*

(R)

Merkwissen

Das Relativpronomen **das** leitet einen Nebensatz ein. Es bezieht sich auf ein Nomen im Hauptsatz. Es wird mit **s** geschrieben. Das Relativpronomen kann man durch **welches** ersetzen:
Romero half während des Aufstiegs besonders das Vertrauen, **das (welches)** er in seine eigenen Fähigkeiten hatte.
Die Konjunktion **dass** leitet einen Nebensatz ein, der sich auf den ganzen Hauptsatz bezieht. Sie wird mit **ss** geschrieben:
Es ist faszinierend, **dass** Menschen solche Höhen bezwingen.
Der Hauptsatz wird durch ein Komma vom Nebensatz getrennt.

1 a. Lies die Sätze.
Dem 13-jährigen US-Amerikaner Jordan Romero gelang als bisher jüngstem Bergsteiger das Wunder, das ihn berühmt gemacht hat.
Im Jahr 2010 schaffte er es tatsächlich, dass er den höchsten Gipfel der Erde bestieg.
b. Unterstreiche jeweils den Nebensatz und markiere das Wort, das ihn einleitet.
c. Markiere die Kommas.

2 Schreibe die folgenden Sätze vollständig auf. Ergänze sie mit dem Relativpronomen **das** oder mit der Konjunktion **dass**.

Es war ihm und seiner Familie natürlich bekannt, ______ der Rekord bis dahin von einem 16-jährigen Nepalesen gehalten wurde. ______ Romero von seinen Eltern auf der Tour begleitet wurde, war für den Jungen eine große Hilfe. Genauso wichtig war aber auch das einheimische Bergführer-Team, ______ die Betreuung vor Ort übernahm. Die Familie stieg von der tibetischen Seite auf. Der Grund dafür war, ______ die Behörden Nepals dem Jugendlichen die Genehmigung der Tour verweigert hatten. Der Vater fand, ______ diese Route weniger gefährlich sei als die von Nepal aus. Es gab jedoch nicht nur positives Feedback, ______ Romero zu hören bekam. Kritiker fanden es zu gefährlich, ______ ein so junger Mensch den 8848 Meter hohen Gipfel des Himalajas besteigt. Jede Expedition auf diesen Berg ist ein Wagnis, ______ allerhöchste Anforderungen an die Bergsteiger stellt. Das schwierigste Hindernis, ______ sie auf der Tour bewältigen mussten, war für Romero eine Kletterpassage auf einem 30 Zentimeter schmalen Streifen in allergrößter Höhe. Er schaute dabei stur auf seinen Vater, der vor ihm ging. So vermied er das Hinunterschauen, ______ in dieser Situation gefährlich gewesen wäre.

Kommasetzung in Infinitivsätzen Ⓡ

Merkwissen

Infinitivsätze beginnen häufig mit den Signalwörtern **um, ohne, anstatt, als, außer** und **statt** und enden immer mit einem Infinitiv mit **zu.**
Sie werden mit Komma vom Hauptsatz abgetrennt.
Manche nehmen sich mehrere Wochen Zeit, **um** in die Ferne **zu** reisen.
Ohne das Land zu verlassen, kann man auch einen interessanten Urlaub verbringen.

1 Lies den folgenden Text.

Achtung: Fehler!

Es gibt viele Gründe für die Deutschen, um in ihrem eigenen Land zu verreisen.

Ohne zu übertreiben kann man von einem Land mit vielen Urlaubsmöglichkeiten sprechen. Geschätzt wird besonders die schnelle Erreichbarkeit des Ferienorts anstatt tagelang auf dem Weg zum Traumziel zu sein. Außerdem ist es günstiger in Deutschland zu bleiben als eine Fernreise zu buchen.

2 Der Text lobt Deutschland als Reiseland. Was hältst du von Urlaub im eigenen Land? Begründe in einem Satz.

____

3 **a.** Setze in den Satzgefügen von Aufgabe 1 das Komma vor oder nach dem Infinitivsatz.
b. Unterstreiche die Infinitivsätze.
c. Umkreise die Signalwörter **um, ohne, anstatt** oder **als.**
d. Markiere den Infinitiv mit **zu.**

4 Markiere in den Sätzen die Infinitivsätze. Setze die Kommas.

Achtung: 4 Kommas fehlen!

Es ist heutzutage kein Problem ein passendes Reiseziel zu finden. Internetportale, Reisebüros, private Webseiten, Anzeigen in Zeitungen und Zeitschriften machen es jedoch manchmal schwer genau das Richtige herauszufiltern. Interessante finanzielle Angebote, farbenprächtige Prospekte und wortreiche Beschreibungen sollen möglichst viele Reisewillige dazu bewegen an den angepriesenen Orten ihren Urlaub zu verbringen. Die Anbieter verpflichten sich dazu nur das Beste für die Urlauber zu leisten.

5 Ergänze passende Infinitive mit **zu** vom Rand und setze die Kommas.

genießen (2 x)
sich beschweren
betrachten
sich begeben
besuchen
abgeben
sich anstrengen

Es ist möglich als Urlauber viele Vorteile von Deutschland ______________.
Anstatt lebendige Städte ______________ kann man sich auch sportlich betätigen.
Andere wiederum lieben Ruhe und Entspannung ohne ______________.
Sie halten sich lieber in einsamen Gegenden auf als sich in überfüllte Städte ______________. Statt architektonische und historische Sehenswürdigkeiten ______________ möchten sie in der freien Natur die Aussicht genießen. Ohne einen gewissen Komfort bei der Unterkunft ______________ geht es bei den meisten nicht. Die sozialen Medien bieten heute die Möglichkeit eine Bewertung zum Zimmer ______________. Manchen kritischen Zeitgenossen fällt leider nichts ein außer sich über alles ______________.

Texte lesen – üben – richtig schreiben

1. Trainingseinheit: Eigennamen großschreiben, Wortfamilie *halten*, Komma in Relativsätzen

1 Lies den Text.

Elisabeth die Erste

Anne Boleyn war die zweite von sechs Gemahlinnen, die Heinrich der Achte hatte. Ihre gemeinsame Tochter Elisabeth die Erste, die auch als jungfräuliche Königin bezeichnet wird, lebte von 1533 bis 1603. Die Regierungszeit ist als Elizabethanisches Zeitalter bekannt. In dieser Zeit erhielt die Anglikanische Kirche ihre endgültige Ausprägung. Elisabeth I. ist das letzte Mitglied der Tudor-Dynastie, die als bedeutende Adelsfamilie viele Herrschenden hervorgebracht hat, auf dem englischen Thron. Mit der schottischen Königin Maria Stuart hatte sie einen Konflikt, der sich über Jahre hinzog. Im Alter von 69 Jahren starb Elisabeth und wurde in der Westminster Abbey, der berühmtesten Kirche in London, begraben.

Im Text werden vier Personen aus der englischen Geschichte genannt.

2 **a.** Notiere alle vier Namen.
b. Notiere zu jedem Namen eine weitere Information zu der Person.

Eigennamen werden großgeschrieben. In mehrteiligen Eigennamen werden alle Wörter – außer Artikel und Präposition – großgeschrieben. Im Text sind alle Eigennamen farbig hervorgehoben.

3 **a.** Schreibe die markierten Eigennamen auf.
b. Unterstreiche in mehrteiligen Eigennamen die großgeschriebenen Anfangsbuchstaben.

Du findest im Text ein Wort aus der Wortfamilie **halten**.

4 a. Schreibe das Wort aus der Wortfamilie **halten** in dein Heft.
b. Bilde mit Hilfe der Wortbausteine neue Verben der Wortfamilie **halten** und schreibe sie auf.
c. Markiere die Wortbausteine der neu gebildeten Verben in unterschiedlichen Farben.

durch | be | weg | **halt** | ab | ent

Relativsätze sind Nebensätze, die ein Nomen im Hauptsatz genauer erklären. Sie werden vom Hauptsatz durch ein Komma getrennt.

5 Im Text ist ein Satz unterstrichen, der einen Relativsatz enthält.
a. Schreibe den Satz auf.
b. Kreise das Relativpronomen ein und markiere das Komma.

c. Notiere einen weiteren Satz aus dem Text, der einen Relativsatz enthält. Kreise das Relativpronomen ein und markiere das Komma.

6 Unterstreiche im Text die restlichen Relativsätze, umkreise das Relativpronomen und markiere die Kommas.

7 Ergänze die Satzanfänge mit den Relativsätzen aus der Randspalte.

Elisabeth die Erste und Maria Stuart, ______________________,

lebten in sehr unsicheren Zeiten.

Maria Stuart, ______________________,

war ständigen Gefahren und Kämpfen ausgesetzt.

Sie war sehr jung Witwe geworden und hatte dann ihren zweiten Mann geheiratet,

______________________.

die den schottischen Thron innehatte
der aber ermordet wurde
welche beide Königinnen waren

8 Ergänze in den Sätzen die fehlenden Kommas in Relativsätzen.

Maria Stuart deren Leben ebenfalls in Gefahr war musste aus Schottland fliehen. In England jedoch fühlte sich Elisabeth die dort Königin war von ihr bedroht. Elisabeth hatte Angst, Maria könnte ihr den englischen Thron wegnehmen. Maria die aus der Familie der Stuarts kam und Elisabeth welche zur Familie der Tudors gehörte entstammten beide einflussreichen Adelsfamilien. Maria Stuart starb zuerst. Elisabeth die Erste die sie verdächtigte an einem Attentat auf ihr Leben beteiligt gewesen zu sein ließ Maria Stuart mit 45 Jahren hinrichten.

Achtung: Fehler!

9 Schreibe den Text „Elisabeth die Erste" ab.

Arbeitstechnik Abschreiben
► **hintere innere Umschlagseite**

2. Trainingseinheit: Fachbegriffe und Fremdwörter, Wortfamilie *brechen*, Komma in Satzgefügen

1 Lies den Text.

Dann ging alles sehr schnell. Wahrscheinlich spürte das Tier, dass sie seine Rettung war. Ein paar Mal nahm es Reißaus, aber dann, als sie wieder das Glas über seinen kleinen Körper stülpen wollte, ergab es sich vor lauter Angst. Einen Moment lang zuckte es, dann faltete es seine Flügel zusammen und erstarrte. Es sah aus wie tot. Ausgestopft. Sehr zerbrechlich: braunes, dichtes Mäusefell. Kleine, krumme Zehenkrallen. Ledrige Flügelspitzen. Die feine Flugmembran. Hervorstehende rote Gelenke. Die schwarzen Widerhaken der gereckten Daumen. Der platte Kopf. Eine nass glänzende Schnauze. Winzige Vampirzähne. [...] Sie waren eher mit den Menschen verwandt als mit den Mäusen. Der gleiche Knochensatz: Oberarm, Speiche, Elle und Handwurzel [...].

2 Der Text stammt aus dem Roman „Der Hals der Giraffe". Er ist aus der Sicht einer Biologielehrerin geschrieben.
Welches Tier wird hier beschrieben? Schreibe deine Vermutung in einem Satz auf.

Im Fachunterricht begegnen dir oft Fachbegriffe und Fremdwörter.

3 Im Text sind einige Fachbegriffe und Fremdwörter farbig hervorgehoben.
- **a.** Notiere die Wörter aus dem Fachgebiet Biologie in der Grundform untereinander. Schreibe in dein Heft oder auf ein separates Blatt. Schreibe vor jedes Nomen den bestimmten Artikel.
- **b.** Schlage unbekannte Wörter im Wörterbuch nach oder recherchiere im Internet.

4 Kläre die Bedeutung weiterer Fachbegriffe und Fremdwörter aus dem Text. Schreibe jeweils die richtige Erklärung aus dem Kasten zu den Wörtern.

die Membran: ______

der Widerhaken: ______

die Flügelspitze: ______

die Speiche: ______

die Elle: ______

Haken, dessen Ende so gestaltet ist, dass das Zurückziehen aus etwas unmöglich ist
Knochen des Unterarms auf der Seite des kleinen Fingers
Ende des länglichen und spitz zulaufenden Flügels
dünnes, feines Häutchen, das trennende oder abgrenzende Funktion hat
Knochen des Unterarms auf der Seite des Daumens

Im Text kommt ein Wort aus der Wortfamilie **brechen** vor.

5 Ein Wort aus der Wortfamilie **brechen** ist im Text markiert.
a. Schreibe das Wort auf.
b. Schreibe das passende Verb aus der Wortfamilie **brechen** dazu.

6 a. Schreibe die Verben aus der Wortfamilie **brechen** untereinander auf die Schreibzeilen.
b. Schreibe jeweils ein passendes Nomen mit der Endung **-bruch** dazu.
Tipp: Bei einem der Verben musst du eine andere Endung suchen.

abbrechen ausbrechen unterbrechen
aufbrechen durchbrechen zusammenbrechen

abbrechen – der Abbruch

In einem Satzgefüge wird der Nebensatz durch ein Komma vom Hauptsatz abgetrennt.

7 Im Text ist ein Satzgefüge unterstrichen.
a. Schreibe den Satz unter das Satzbild.
b. Kreise die Konjunktion ein und markiere das Komma.

______, ______.
Hauptsatz **Nebensatz**

8 Im Text befindet sich auch folgendes Satzgefüge.
a. Kreise die Konjunktion ein und markiere das Komma.
b. Ergänze beim Satzbild die Begriffe „Hauptsatz“ und „Nebensatz“ an der passenden Stelle.

Als sie wieder das Glas über seinen kleinen Körper stülpen wollte, ergab es sich vor lauter Angst.

______, ______.

9 Schreibe den Text von Seite 74 ab.
Beachte dabei die sieben Schritte der Arbeitstechnik „Das Abschreiben“.

Arbeitstechnik Abschreiben
► **hintere innere Umschlagseite**

3. Trainingseinheit: Getrennt- und Zusammenschreibung, Nomen erkennen, Komma bei *dass*-Satz

1 Lies den Text.

Auf der Jagd

Schon lange gibt es in den USA sogenannte Schülerjäger, weil immer wieder Schülerinnen und Schüler dem Unterricht fernbleiben. Sie sagen, dass der Unterricht sehr langweilig sei und dass ihnen der Besuch der Schule äußerst schwerfalle. Manche Schulen setzen ungeheuer große Fangprämien aus. Um die wenig lernbegeisterten Schulschwänzer einzufangen, beschäftigen die Schulleitungen sogar Kopfgeldjäger. Diese unauffällig gekleideten Schülerfänger in blaugrauer Jacke und dunkelblauen Jeans erhalten pro Fang immerhin 300 Dollar (ca. 250 Euro). Die Maßnahme der Schulen basiert auf einer Art Abkommen mit den Jugendlichen, das auch regelt, die Schüler unter peinlich genaue Beobachtung zu stellen. Die Schülerinnen und Schüler, die zuvor das Schuleschwänzen sehr leichtnahmen, waren nach ihrer „Festnahme" oft recht kleinmütig. Dass diese Methode Erfolg hat, zeigt die abnehmende Zahl der fehlenden Schüler.

2 Wozu werden die Schülerjäger eingesetzt? Schreibe einen Satz auf.

____

Im Text sind 3 Zusammenschreibungen von Adjektiv und Verb farbig hervorgehoben. Diese geben eine übertragene Bedeutung wieder.

3 **a.** Schreibe die Sätze mit den Zusammenschreibungen in dein Heft oder auf ein separates Blatt.
b. Unterstreiche die Zusammenschreibungen.
c. Welche übertragenen Bedeutungen haben die Zusammenschreibungen im Text? Ordne die passenden Bedeutungen aus der Randspalte zu.

fernbleiben: ______________________________

schwerfallen: ______________________________

leichtnehmen: ______________________________

wenn etwas mühevoll ist
wenn man nicht teilnimmt
wenn man etwas nicht viel Bedeutung beimisst

4 Getrennt oder zusammen? Schreibe die folgenden Sätze richtig auf.
Tipp: Es gibt 2 Zusammenschreibungen und 1 Getrenntschreibung.

1. Wir lassen uns von der Bank den Betrag gutschreiben / gut schreiben.

____

2. Die kleinen Taschen lassen sich leichtnehmen / leicht nehmen.

____

3. Die Prüfungsaufgaben werden ihm sicher schwerfallen / schwer fallen.

____

Wenn du unsicher bist, ob ein Wort ein Nomen ist oder nicht, dann prüfe, ob das Wort einen oder mehrere Begleiter hat.

5 a. Schreibe die drei markierten Nominalisierungen mit ihren Begleitern auf. Schreibe jeweils auf eine neue Zeile.

b. Bestimme, um welche Art von Begleitern es sich handelt. Notiere hinter die Wortgruppe die richtige Wortart aus der Randspalte.

Artikel
Präposition
unbestimmtes Zahlwort
Possessivpronomen
Adjektiv

6 a. Unterstreiche die Nominalisierungen und ihre Begleiter.
b. Bestimme die Wortart der Begleiter und notiere sie.

Mein Unwohlsein war zum Glück schnell vorüber.

Er hatte viele Würfe gemacht, bevor er traf.

An das schnellere Laufen hat sie sich langsam gewöhnt.

Wenn die zahlreichen Eingeladenen alle kommen, wird es voll.

Dass-Sätze werden durch Kommas abgetrennt.

7 Im Text sind zwei Sätze unterstrichen, die einen Nebensatz mit **dass** enthalten.
a. Schreibe die Sätze auf.
b. Kreise **dass** ein und markiere das Komma.

8 a. Schreibe die folgenden Sätze in dein Heft oder auf ein Blatt. Ergänze jeweils das fehlende Komma.
b. Kreise **dass** ein und markiere das Komma.

Achtung: Fehler!

Dass es mir heute nicht gutgeht liegt an meiner starken Erkältung.

Ich sagte dir schon dass du mich dann besser in Ruhe lässt.

Meine Lehrerin hatte auch Verständnis dafür dass ich mich heute nicht stark beteiligt habe.

9 Diktiert euch gegenseitig in Abschnitten den Trainingstext „Auf der Jagd".

4. Trainingseinheit: *dass und das* unterscheiden, Zeichensetzung bei wörtlicher Rede, Kleinschreibung bei *sein* und *werden*

1 Lies den Text.

Babys können tauchen

Es ist kaum zu glauben, dass neugeborene Babys unter Wasser keinerlei Probleme haben. Seit geraumer Zeit ist bekannt, dass die Kinder einen Tauchreflex besitzen. Eine Fachärztin sagt dazu: „Dieser Reflex verhindert, dass das Wasser in die Lunge gelangt. Beim Untertauchen registrieren feine Nervenenden in der Haut das Wasser, mit der Folge, dass die Luftröhre verschlossen wird." Leider verliert das Kind nach vier Monaten diesen angeborenen Reflex. Danach muss es das Tauchen, das es ja schon konnte, wieder neu erlernen. Den Babys ist aber in der Regel nicht bange. Sie erlangen erneut das Können, das sie schon einmal hatten.

2 Welchen Grund könnte es haben, dass Babys diesen Reflex haben? Schreibe deine Vermutung in einem Satz auf.

Das kann ein Artikel oder ein Relativpronomen sein, **dass** hingegen ist eine Konjunktion. Im Text sind alle **dass** und **das** blau markiert.

3
- **a.** Notiere die drei unterstrichenen Sätze.
- **b.** Umkreise **das** oder **dass** und markiere die Kommas.
- **c.** Notiere zu jedem **das** oder **dass** aus den Sätzen den passenden Begriff aus der Randspalte.

Wortarten:
Konjunktion
Relativpronomen
Artikel

4
- **a.** Ordne die übrigen **das** und **dass** aus dem Text in eine Tabelle ein. Übertrage die Tabelle in dein Heft und notiere wie im Beispiel.
- **b.** Kreise **das** oder **dass** ein und markiere die Kommas.

Starthilfe

das – Artikel	**das** – Relativpronomen	**dass** – Konjunktion
das Wasser (Z. 4)	*das Tauchen, das es schon konnte, ... (Z. 6)*	*... ist bekannt, dass die Kinder ... (Z. 2)*

Der Text enthält wörtliche Rede.

5 **a.** Notiere die wörtliche Rede zusammen mit dem Einleitungssatz auf den Schreiblinien.
b. Unterstreiche den Einleitungssatz und markiere die Anführungszeichen farbig.

6 Schreibe folgende Sätze in dein Heft oder auf ein separates Blatt und ergänze die Anführungszeichen der wörtlichen Rede und die sonstigen Satzzeichen. Unterstreiche die Begleitsätze.

Ich habe viele Jahre über den Tauchreflex von Babys geforscht sagt die Expertin.

Es hat mir immer Spaß gemacht fügt sie hinzu obwohl es sehr schwierig war, die Experimente durchzuführen.

Sie lächelt und fügt hinzu Aber es hat sich auf jeden Fall gelohnt.

Achtung: Fehler!

Manche Nomen schreibt man in Verbindung mit **sein** und **werden** klein.

7 Im Text ist eine solche Verbindung markiert. Notiere diese Verbindung.

8 **a.** Ergänze die Satzanfänge mit passenden Wortverbindungen aus der Randspalte.
Tipp: Eine der Wortverbindungen passt nicht.

Du hast mir Geld ausgeliehen, als ich ______________.

Da wir jetzt so zu zweit durch den stillen Wald laufen, ______________

Sie ______________, ihre Freundin immer wieder zur Pünktlichkeit ermahnen zu müssen.

Da wir an diesem Missverständnis ______________, entschuldigen wir uns dafür.

b. Bilde eigene Sätze mit den Wortgruppen aus der Randspalte. Unterstreiche die Wortgruppe.

pleite sein
schuld sein
angst werden
leid sein
spitze sein

9 Schreibe den Text „Babys können tauchen“ ab.
Beachte dabei die sieben Schritte der Arbeitstechnik „Das Abschreiben“.

Arbeitstechnik Abschreiben
► hintere innere Umschlagseite

5. Trainingseinheit: Komma bei Aufzählungen, Wortgruppen getrennt schreiben, Wörter ableiten

1 Lies den Text.

Das Brot – heute und gestern

Für uns ist es heute selbstverständlich, dass wir genug Brot zur Verfügung haben und keine Not leiden. Niemand muss Angst haben, kein Brot mehr kaufen zu können. Der Preis schwankt stark, je nachdem ob wir es im Discounter oder im Bäckereifachgeschäft kaufen, ob es in der Fabrik hergestellt wurde oder in kleinen Mengen, ob es konventionelle Zutaten enthält oder biologisch angebaute Inhaltsstoffe hat. Doch erschwinglich ist es für jeden.
Geschichtlich betrachtet gibt es Brot seit drei Jahrtausenden in jeder Zivilisation. Die Herstellung ist aus verschiedenem Getreide möglich. Mit dem systematischen Anbau von Getreide begann der Mensch vor ca. 10 000 Jahren. Ursprünglich wurde das gemahlene Getreide mit klarem Wasser vermengt und als dünner Brei gegessen. Später wurde dieser Brei auf heißen Steinen oder in der glühenden Asche als schmackhaftes Fladenbrot gebacken. Das Interessante daran ist, dass gesäuertes Brot schon vor 5000 Jahren bekannt war, so zum Beispiel im alten Ägypten. Von dort aus gelangten die Kenntnisse über das Backen von Brot über das alte Griechenland nach Europa.

2 Wie lange kennt der Mensch die Technik des Brotbackens schon? Schreibe die Antwort aus dem Text ab.

Im Text gibt es eine Aufzählung. Diese enthält drei Nebensätze.

3 a. Schreibe den Satz mit der Aufzählung ganz auf.
b. Unterstreiche die Nebensätze der Aufzählung und markiere die Kommas.

4 Ergänze in den Sätzen die Kommas.

Für das Sportfest brauche ich Trainingsanzug T-Shirt Turnhose und Schuhe.

An meinem Geburtstag besuchen wir den Kletterpark machen Pause im Eiscafé gehen danach ins Kino oder schauen uns zu Hause einen spannenden Film an.

Ich esse gern Salate mit Radieschen mit Käse überbackene Ofengerichte Bratwürste in allen Variationen und Eis mit Früchten und Schokoladensoße.

Er kam müde nach Hause zog seine Arbeitskleidung aus wusch sich legte sich auf das Sofa und las die Tageszeitung.

Achtung: Fehler!

Im Text sind Wortgruppen aus **Nomen + Verb** blau markiert. Diese Wortgruppen schreibst du getrennt.

5 **a.** Notiere die beiden Wortgruppen in dein Heft oder auf ein separates Blatt.
b. Formuliere mit jeder Wortgruppe einen eigenen Satz.

6 Ergänze die Sätze passend. Verwende die Wortgruppen aus **Nomen + Verb** aus der Randspalte.

Astrid ist Schüler-Mediatorin und hilft in der Schule bei Konflikten, indem sie

______________________.

Der erste Schritt ist dabei, dass Astrid zuerst einzeln mit den Beteiligten ein

______________________.

Es ist wichtig, dass sie dabei genau auf das Gesagte ______________________.

Auch wenn die Konfliktparteien ihren Ratschlägen nicht immer ______________________,

kann sie doch verunsicherten Menschen ______________________.

Sie sagt: „Die Arbeit als Mediatorin kann wirklich ______________________!"

Acht geben
Streit schlichten
Gespräch führen
Spaß machen
Halt geben
Folge leisten

Wenn du unsicher bist, ob ein Wort mit **ä** oder **e**, **äu** oder **eu** geschrieben wird, dann hilft dir die Ableitungsprobe.

7 Im Text ist ein Wort markiert.
a. Schreibe das Wort auf.
b. Ergänze ein verwandtes Wort mit **a.**

____

8 **a.** Ergänze passende Wörter mit **ä** und **äu** vom Rand.
b. Notiere ein verwandtes Wort mit **a** oder **au** auf der Schreibzeile.

Das Haarstudio war voll besetzt, obwohl es sehr *geräumig* ______________ war.

der Raum ______________

Die Friseurin fragt mich sogar, ob ich ein ______________________ Kaffee möchte.

____

In dem großen Raum stehen drei schöne ______________________ verteilt.

____

Der Praktikant hat vom vielen Haarewaschen ganz rote Hände, diese ______________

sich schon. ______________

Der Friseur bewunderte mein ______________________ Haar.

____

häuten
geräumig
Kännchen
Blumensträuße
gekräuseltes

9 Schreibe den Text „Das Brot – heute und gestern" ab.

Arbeitstechnik Abschreiben
► **hintere innere Umschlagseite**

6. Trainingseinheit: Komma bei nachgestellter Erläuterung, Zeichensetzung beim Zitieren, mit Wortbausteinen Adjektive bilden

1 Lies den Text.

Oma kommt mit!

Niemand wird bestreiten, dass der Familienurlaub in vielen Familien ein Streitthema ist. Die Normalität ist nicht mehr die traditionelle Kleinfamilie, die aus Mama, Papa und zwei Kindern besteht. Daraus folgt, dass sich neue Formen des Familienurlaubs entwickeln. Vielfältig, bunt und interessant sind die neuen Angebote des Tourismusunternehmens „Ab in die Sonne". Die Inhaberin meint dazu: „Anstatt mit den Eltern allein zu verreisen, werden die Kinder zusätzlich von den Großeltern oder einem Großelternteil begleitet." Ihrer Erfahrung nach ist dies von Vorteil für die Reisegruppe. Wenn Großeltern selbst noch mobil sind, ist ihre Begleitung eine Bereicherung für alle, zum Beispiel durch zusätzliche gemeinsame Aktivitäten oder durch Entlastung der Eltern. Und gar nicht selten kommt noch ein weiterer positiver Aspekt hinzu, und zwar die ganze oder teilweise Übernahme der Reisekosten durch die Großeltern.

2 Welchen neuen Trend gibt es beim Familienurlaub? Schreibe einen Satz auf.

Nachgestellte Erläuterungen werden durch Komma vom übrigen Satz abgetrennt.

3 Im Text ist eine nachgestellte Erläuterung unterstrichen.
- **a.** Schreibe den ganzen Satz auf.
- **b.** Unterstreiche die nachgestellte Erläuterung. Kreise **zum Beispiel** ein und markiere das Komma.

4 Im Text befindet sich nach dem Beispiel aus Aufgabe 3 noch eine nachgestellte Erläuterung.
- **a.** Finde die nachgestellte Erläuterung und schreibe den ganzen Satz auf.
- **b.** Unterstreiche die nachgestellte Erläuterung. Kreise **und zwar** ein und markiere das Komma.

Mit Zitaten werden Aussagen oder Textteile wörtlich wiedergegeben. Die übernommenen Textteile werden in Anführungszeichen gesetzt. Ausgelassene Wörter werden mit [...] gekennzeichnet.

5 a. Im Text ist ein Zitat unterstrichen. Schreibe das Zitat mit Einleitungssatz auf. Schreibe ins Heft oder auf ein separates Blatt.
b. Markiere den Doppelpunkt und die Anführungszeichen. Unterstreiche den Einleitungssatz.

6 Zum Thema „Reisen ins Ausland" waren im Diskussionsforum eines Reiseportals folgende Meinungen zu lesen:

Jasmin: Eine Auslandsreise kann dazu dienen, die Fremdsprachenkenntnisse aus dem Unterricht anzuwenden und zu vertiefen.

Hakan: Bei einer Auslandsreise lernt man andere Sitten und Bräuche kennen.

Frenzi: Aber man erzeugt viel CO_2, wenn man weit reist. Das ist schädlich für die Umwelt.

Aisha: Man lernt im Ausland neue Menschen kennen, das trägt zur Völkerverständigung bei.

Ben: Im eigenen Land gibt es doch auch viel zu entdecken! Warum in die Ferne schweifen?

(Reiseportal „Fernweh", Stand 12.07.202..)

a. Welche beiden Aussagen sind für dich am überzeugendsten? Unterstreiche sie.
b. Zitiere die beiden Aussagen. Setze dabei die notwendigen Satzzeichen und ergänze eine Quellenangabe. Schreibe in dein Heft oder auf ein separates Blatt.

Starthilfe
Im Reiseportal „Fernweh" schreibt ...

Aus Verben und Nomen kannst du durch bestimmte Nachsilben Adjektive bilden.

7 Im Text ist ein Wort markiert.
a. Schreibe das Wort auf.
b. Trenne das Wort durch einen Strich in seine Bestandteile. Notiere das Nomen und die Endung, aus denen das Wort gebildet wird. Notiere vor dem Nomen den Artikel.

8 a. Bilde aus jedem Nomen der Randspalte und einer passenden Endung ein Adjektiv und schreibe es auf. Verwende die Endungen aus der Randspalte.

die Verantwortung
die Zeit
die Pflicht
der Abschnitt
das Beispiel

– weise
– mäßig
– gemäß
– los

b. Formuliere zwei eigene Sätze. Verwende jeweils eines der Adjektive. Schreibe ins Heft oder auf ein separates Blatt.

9 Schreibe den Text „Oma kommt mit!" ab.

Arbeitstechnik Abschreiben
▶ **hintere innere Umschlagseite**

Richtig schreiben

1 Der folgende Brief enthält 13 Fehlerwörter.
a. Markiere die Fehlerwörter im Text.
b. Schreibe den Text in der richtigen Schreibweise auf.

/26 Punkte

Achtung: Fehler!

Betreff: Rücknahme eines Smartphones

Sehr geehrte Damen und herren,
das Smartphone, das ich bei ihnen am 15.06. gekauft habe, hat trotz der bereits von ihnen vorgenommenen reparatur weiterhin nur eingeschränkte Funktionsfelder. So kann ich z. B. Nachrichten nur teilweise Empfangen. Auch das senden von SMS verläuft nicht reibungslos. mir gehen sehr wichtige Informationen verloren. Da ich mein Telefon auch Beruflich nutze, bitte ich sie um eine schnelle Rücknahme des Geräts und um einen Adäquaten Ersatz.
Ich hoffe auf eine zügige bearbeitung meines Anliegens. Danke für ihr verständnis!

Mit freundlichen Grüßen
Max Mustermann

2 Kreuze die jeweils richtige Wortgruppe an.

/4 Punkte

1
- [ ] a. jung und alt einbeziehen
- [ ] b. Jung und alt einbeziehen
- [ ] c. Jung und Alt einbeziehen

2
- [ ] a. morgen abend Fußball spielen
- [ ] b. morgen Abend Fußballspielen
- [ ] c. morgen Abend Fußball spielen

3
- [ ] a. ein Bisschen gefährlich leben
- [ ] b. ein bisschen gefährlich leben
- [ ] c. ein bißchen gefährlich leben

4
- [ ] a. sich für Musik interressieren
- [ ] b. sich für Musik interessieren
- [ ] c. sich für Musik interesieren

Auf dieser Seite steht am Ende ein Text mit fehlenden Kommas. Bearbeite die folgenden Aufgaben, dann bist du fit für die Kommasetzung.

3 Unterstreiche die Aufzählungen und ergänze die fehlenden Kommas.

Johann Peter Hebel war Lehrer Schuldirektor und Schriftsteller.

Er wurde in Basel geboren lebte dort einige Zeit zog später nach Deutschland um und wurde dort Schuldirektor.

/4 Punkte

Achtung: Fehler!

4 Unterstreiche die Relativsätze und setze die fehlenden Kommas.

Kalendergeschichten waren früher oft das Einzige was arme Leute zu lesen hatten.

Diese Geschichten welche sie sich gerne gegenseitig am Abend vorlasen dienten auch zur Bildung der Menschen.

/4 Punkte

Achtung: Fehler!

5 Im Text sind Nebensätze unterstrichen. Finde den einen Nebensatz, der vergessen wurde, und unterstreiche ihn.

Dass früher das Leben vieler Menschen schwer war, ist allgemein bekannt. Die Kinder hörten, wie es damals üblich war, die Geschichten für die Erwachsenen mit an. Manchmal waren die Geschichten für die Kinder zu gruselig. Aber es gab damals noch keine Kinderbücher. Geschichten, die speziell für Kinder geschrieben sind, gibt es erst seit ca. 100 Jahren. Heute gibt es so viele Kinderbücher, dass die Auswahl fast schwerfällt. Wo früher Mangel herrschte, hat man heute die Qual der Wahl.

/2 Punkte

Achtung: Fehler!

6 **a.** Ergänze in folgendem Text die fehlenden 10 Kommas.
b. Schreibe den Text mit richtiger Zeichensetzung in dein Heft oder auf ein separates Blatt.

Folgende Sätze finden sich zu Beginn der Kalendergeschichte „Der kluge Richter“ die von Johann Peter Hebel geschrieben wurde.

Er wurde 1760 in Basel geboren arbeitete ab 1783 als Lehrer und wurde später zum Direktor des Karlsruher Gymnasiums berufen.

In heutigen Ohren klingt es etwas altmodisch wenn er schreibt:

„Dass nicht alles so uneben sei was im Morgenlande geschieht das haben wir schon einmal gehört.

Auch folgende Begebenheit soll sich daselbst zugetragen haben.

Ein reicher Mann hatte eine beträchtliche Geldsumme welche in ein Tuch eingenäht war aus Unvorsichtigkeit verloren.

Er machte daher seinen Verlust bekannt und bot wie man zu tun pflegte dem ehrlichen Finder eine Belohnung und zwar von hundert Talern an. […]“

/17 Punkte

Achtung: Fehler!

Gesamt: /57 Punkte

Auswertung ► Lösungsheft

Sprache und Stil

Mit Synonymen abwechslungsreich und treffend formulieren

Merkwissen

Wörter mit gleicher oder ähnlicher Bedeutung werden als Synonyme bezeichnet. Zu einem guten Ausdruck gehört es, störende Wiederholungen zu vermeiden und stattdessen Synonyme zu verwenden. Dabei solltest du genau abwägen, welches Synonym das Gemeinte am besten ausdrückt, z. B. bitten → betteln, flehen, auffordern, befehlen.

Die zehnte Klasse hat eine Abschlusszeitung geplant. Redakteur Timur schreibt an Herrn Lorenz, der als Grafikdesigner die Zeitung gestaltet.

1 Lies den Anfang seiner E-Mail an den Grafikdesigner.

Sehr geehrter Herr Lorenz,
vielen Dank, dass Sie die Beispielseiten für unsere Abschlusszeitung so schnell ______ haben.
Sowohl die Farbgestaltung als auch die Schrift ______ uns größtenteils.
Deswegen möchten wir nur kleine Änderungen ______.
Wäre es möglich, unsere Porträts auf jeder Seite etwas größer ______?
Außerdem möchten wir Sie ______ ...

- entwickelt / entworfen / aufgebaut
- gefallen / behagen / beglücken
- vorschlagen / anordnen / empfehlen
- abzubilden / herzustellen / abzudrucken
- bitten / auffordern / anweisen

2 Ergänze die Lücken des Textes. Welches Verb passt am besten? Wähle aus den vorgeschlagenen Verben aus der Randspalte aus.

Herr Lorenz hat wenig Zeit und antwortet Timur mit einer schnell geschriebenen E-Mail.

3 Lies den Anfang seiner E-Mail.

Lieber Timur,
natürlich können wir eure Porträts größer drucken und die Seiten entsprechend neu drucken. Auch das Cover, dessen Farben euch nicht gefallen, können wir anders drucken. Gern können wir euch neue Vorschläge schicken. Sollen wir diese wieder an eure Schuladresse schicken? ...

4 **a.** Unterstreiche die Verben im Text, die sich wiederholen.
b. Ersetze jede Wiederholung durch ein passendes Verb. Recherchiere dazu im Internet mit treffenden Suchbegriffen (z. B. „drucken“ und „Synonym“).
c. Schreibe den Text neu im E-Mail-Programm eines Computers. Ergänze einen Schlussteil.

Die Wortarten

Die Wortarten wiederholen

Du wiederholst wichtige Wortarten anhand von Beispielen.

1 a. Ergänze in der ersten Spalte der Tabelle die **Wortarten** vom Rand.
Die Beispiele in der zweiten Spalte helfen dir.
b. Ergänze in der zweiten Spalte passende **Beispiele** vom Rand.
Tipp: Drei Wörter kannst du zweimal eintragen.
c. Ergänze in der dritten Spalte geeignete **Abkürzungen** für die Wortarten.

Wortarten:
Präposition, Verb, Adjektiv, Adverb, Nomen, Artikel

Beispiele:
eine, unter, sehen, das Fach, welche, dort, dass, in, warum, lustig, das, aber, die Freiheit, jenes, unser, ich, sein, oder, über, nachdem, gestern, euer, er, ihr, sagen, die, können

Abkürzungen:
Adj.
Adv.
Konj.
Art.
Präp.
Pron.
ohne Abkürzung:
Nomen
Verb

Wortart	Beispiele	Abkürzung
	die Schule,	
	kommen,	
Pronomen	Personalpronomen: wir,	
	Possessivpronomen: sein,	
	Demonstrativpronomen: dieser,	
	Interrogativpronomen: wer,	
	Relativpronomen: den,	
	klein,	
	auf,	
Konjunktion	nebenordnend: und,	
	unterordnend: weil,	
	heute,	
	bestimmt: der,	
	unbestimmt: ein,	

2 Notiere über jedem Wort die Wortart.
Verwende dafür die Abkürzungen aus der Tabelle.

Adj. Nomen Präp. Nomen

Kleine Stadtgeschichten aus Berlin: Der Schwächeanfall

Es ist Sprechstunde beim Hausarzt in Schöneberg. Ein 16-jähriger Patient betritt in Begleitung seiner Mutter das Sprechzimmer und fläzt sich in den Stuhl. Warum er komme, möchte der Doktor wissen. Die entwaffnende Antwort des Halbwüchsigen lautet: „Allgemeine Bocklosigkeit."

Die Zeitformen des Verbs wiederholen

Merkwissen

Verben im Präsens verwendet man, um auszudrücken, was man regelmäßig tut oder was man jetzt tut: Er **geht.**
Will man ausdrücken, dass etwas schon vergangen ist, verwendet man beim mündlichen Erzählen das Perfekt: Er **ist gegangen.**
Beim schriftlichen Erzählen oder Berichten verwendet man für Vergangenes das Präteritum: gehen: Er **ging.**
Das Plusquamperfekt verwendet man, wenn man ausdrücken will, dass etwas vor einem schon zurückliegenden Ereignis geschehen war (Bedeutung: noch davor).
Die Verben bilden das Plusquamperfekt mit den Vergangenheitsformen von **haben** und **sein.**
Bevor er ging, **hatte** er **gelernt.**
Wenn man über Dinge spricht, die in der Zukunft abgeschlossen sein werden, verwendet man das Futur II (vollendete Zukunft). Das Futur II wird mit einer Form von **werden,** dem Partizip Perfekt und einer Form von **sein** oder **haben** gebildet:
In zwei Wochen **werden** wir **umgezogen sein.**

Mit den folgenden beiden Texten wiederholst du einige Zeitformen von Verben.

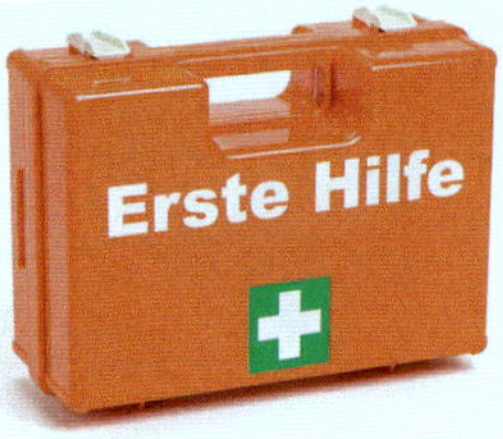

1 Lies die beiden Texte.

A Ein Schul-Sanitäter erzählt:

Als es einen lauten Knall gab, entstand ein heilloses Durcheinander, alle liefen zusammen und standen ratlos rum. Ich war sehr aufgeregt, ging aber trotzdem nach vorne, an allen anderen vorbei, um einfach zu helfen. Als ich neben ihm kniete, war ich kein bisschen nervös. Ich wusste, was zu tun war. Ich half einfach.

B Eine Stadion-Sanitäterin erzählt:

Die Atmosphäre im Fußballstadion ist schon speziell. Da kann es ja auch mal hoch hergehen. Die Fans freuen sich und leiden mit ihrem Verein mit. Da gibt es ganz viele Emotionen. Wenn im Stadion die einen singen und die anderen buhen oder brüllen, das kann ganz schön aufregend sein. Ich muss aber einen kühlen Kopf bewahren, damit ich helfen kann. Und es funktioniert tatsächlich inzwischen.

2 Welche Gedanken gehen dir nach dem Lesen der beiden Texte durch den Kopf? Schreibe einen Satz auf.

3 **a.** Unterstreiche in beiden Texten die Verbformen.
b. Welcher Text verwendet welche Zeitform? Schreibe die Zeitform auf.

Text A/Einsatz in der Schule: ______

Text B/Einsatz im Stadion: ______

c. Warum verwenden die beiden unterschiedliche Zeitformen? Schreibe deine Vermutung auf.

W **d.** Wähle einen der beiden Texte aus. Schreibe die Zeitformen aus dem Text in die richtige Spalte der Tabelle. Ergänze alle Zeitformen, die nicht im Text stehen.

Starthilfe

Präsens	Präteritum	Perfekt	Plusquamperfekt	Futur I	Futur II
es gibt	**es gab**	es hat gegeben	es hatte gegeben	es wird geben	es wird gegeben haben
...	...	...	...	...	...

Das Passiv wiederholen

Merkwissen

Das Aktiv und das Passiv sind zwei Verbformen, die bei der Darstellung von Handlungen unterschieden werden. Das Aktiv beschreibt, wer handelt.
Die Kundin hebt Geld am Automaten ab.
Das Passiv beschreibt, was getan wird.
Das Geld wird von der Kundin abgehoben.

Die Passivformen von Verben kommen wie die Aktivformen in allen Zeitformen vor.

1 Lies den Text.

Betrug am Bankautomat

Diese Masche wiederholen die Täter fast immer. An Geldautomaten wurden schon häufig Kartenschlitz oder Tastatur manipuliert. Damit wurden gefälschte Karten hergestellt. Dieses kriminelle Ausspähen von Bankdaten heißt „Scimming". Bankautomaten werden inzwischen regelmäßig überprüft. Doch die Kriminellen erweiterten jetzt wieder ihr Tätigkeitsfeld. Inzwischen sind auch Einkaufsmärkte betroffen. So wurden z. B. Kartenlesegeräte in Bau- und Supermärkten bei Einbrüchen verändert. Doch die Kunden können nach Aussage der Polizei selbst etwas für ihre Sicherheit tun:

1. Der Automat wird vor dem Geldabheben auf Auffälliges hin überprüft.
2. Die PIN-Eingabe wird mit der Hand oder einem anderen Sichtschutz verdeckt.
3. Es wird auf einen Sicherheitsabstand zum nächsten Kunden geachtet.

2 **a.** Unterstreiche im Text die Passivformen im Präsens rot, die Passivformen im Präteritum blau.

b. Schreibe drei Passivformen im Präsens in die folgende Tabelle. Ersetze die Subjekte durch Pronomen.

Subjekt ► S. 95

Passiv im Präsens	Passiv im Präteritum
sie werden überprüft	

c. Schreibe drei Passivformen im Präteritum in die folgende Tabelle. Ersetze die Subjekte durch Pronomen.

Passiv im Präteritum	Passiv im Präsens

3 Ergänze in den beiden Tabellen jeweils die fehlenden Zeitformen.

Der Konjunktiv I in der indirekten Rede

Merkwissen

In der indirekten Rede gibst du die Aussage einer anderen Person wieder. Mit dem Konjunktiv zeigst du, dass es nicht deine eigene Aussage ist.
Der Hausmeister meint, die Turnhalle **sei** im Moment geschlossen.
Wenn sich die Verbformen in der direkten Rede nicht von denen der indirekten Rede im Konjunktiv I unterscheiden, verwendest du in der indirekten Rede als Ersatzform den Konjunktiv II.
Die Schülerin sagt, die Eintrittskarten **würden** hohe Einnahmen **bringen**.

Die Schülerinnen und Schüler der 10. Klassen wollen einen Flohmarkt veranstalten. Die Vertretung der Jahrgangsstufe schreibt eine E-Mail an die Schulleiterin.

1 Lies die E-Mail.

Sehr geehrte Frau Timm,

wir freuen uns, dass am kommenden Samstag unser Schulflohmarkt stattfinden kann. Die Einnahmen möchten wir für den Auftritt einer Band am Abschlussabend verwenden. Die Elternvertreter/-innen schlugen vor, wegen der starken Nachfrage solle auch die große Turnhalle genutzt werden. Unser Hausmeister, Herr Bergs, teilte uns allerdings mit, diese Halle stehe grundsätzlich für solche Veranstaltungen nicht zur Verfügung. Denn die anschließende Reinigung sei nicht geklärt, meinte Herr Bergs. Er wies darauf hin, solche Entscheidungen müsse die Schulleitung treffen.
Es wäre sehr nett, wenn wir über diese Frage noch einmal mit Ihnen sprechen könnten.
Mit freundlichen Grüßen
Jana Siedler und Tom Wagner (Jahrgangssprecherin/Jahrgangssprecher der 10. Klassen)

2 In der E-Mail ist eine Verbform im Konjunktiv I markiert. Finde und markiere drei weitere Verbformen im Konjunktiv I, welche indirekte Rede wiedergeben.

Die Schulleiterin Frau Timm spricht mit Jana und Tom persönlich über deren Anliegen.

3 **a.** Schreibe die Aussagen von Frau Timm in der indirekten Rede in dein Heft.
Nutze die Redebegleitsätze aus dem Kasten.
Verwende, wenn es nötig ist, den Konjunktiv II oder die *würde*-Ersatzform.
Tipp: In der indirekten Rede ändern sich die Pronomen,
z. B.: **Sie sagt: „Ich kann …“ → Sie sagt, sie könne …**

Herrn Bergs‘ Einwände kann ich sehr gut nachvollziehen.
Ich wünsche euch viel Erfolg mit dem Flohmarkt!
Wegen eines Basketballspiels am Samstagabend muss die Halle sauber hinterlassen werden.
Ich werde mit Herrn Bergs sprechen. Wir versuchen, eine Lösung zu finden.
Am besten übernehmen die Reinigungskräfte das Putzen der großen Turnhalle in einer extra Schicht.

Die Schulleiterin meint
erklärt Frau Timm
Die Schulleiterin verspricht
überlegt Frau Timm
Abschließend sagt sie

b. Ergänze drei eigene Sätze mit möglichen Aussagen von Frau Timm in der indirekten Rede.

Die indirekte Rede

Merkwissen

Wenn du wiedergeben möchtest, was jemand gesagt hat, verwendest du häufig die **indirekte Rede**. Wenn sich in der **indirekten Rede** der **Konjunktiv I** nicht vom Indikativ unterscheidet, verwendest du den **Konjunktiv II**.

Die Klasse 10 b hat über das Thema „Abschlussfahrt" diskutiert.
Hakan fasst nun die Diskussionsbeiträge im Protokoll zusammen.

Jannis sagte, dass eine Abschlussfahrt Vorteile und Nachteile habe.
Er kenne eine Schule, in der es immer eine Abschlussfahrt gebe.
Dort seien die Schülerinnen und Schüler daran gewöhnt, diese sogar selbst zu organisieren.
Allerdings gab er zu, dass er selbst dagegen sei. Ohne diesen Aufwand könne man seine Kräfte für die Prüfungen schonen.

1 **a.** Markiere im Text die Verbformen im **Konjunktiv I.**
b. Trage die Konjunktivformen in die Tabelle ein.

Indikativ	Konjunktiv I
sie hat	*sie habe*
er kennt	
es gibt	
sie sind	
er ist	
man kann	

2 Ergänze im zweiten Teil des Protokolls die Konjunktivformen.
Verwende die Verben vom Rand.
Tipp: Einmal musst du den **Konjunktiv II** bilden.

finden
sehen
sein
mitfahren
wünschen

Milena sagte, dass sich bestimmt fast jede/r eine Abschlussfahrt ____________.
Sie ____________ Abschlussfahrten selbst eine ganz tolle Idee, weil diese sehr gemeinschaftsfördernd ____________. Sie ____________ allerdings die Gefahr, dass nicht alle ____________.

3 Formuliere Glorias Äußerung für das Protokoll in indirekter Rede.
Tipp: Eine Form im **Konjunktiv I** gleicht dem Indikativ. Verwende hier den **Konjunktiv II.**

Gloria sagte, ____________
____
____
____
____
____

Schülerinnen und Schüler der 10. Klasse sind meist für eine Abschlussfahrt, weil sie bald schon mit dem Berufsleben anfangen. Ich stimme Jannis nicht zu. Für einen gelungenen Abschluss der Schulzeit sind solche Fahrten wichtig. Man kann sie gar nicht überbewerten.

Den Konjunktiv II erkennen und verwenden

Merkwissen

Mit dem Konjunktiv II (Möglichkeitsform) kann man ausdrücken, dass etwas nicht oder noch nicht Wirklichkeit ist: Möglichkeiten, erfüllbare oder nicht erfüllbare Wünsche oder Empfehlungen:
Ich **führe** gern schon morgen in die Ferien.
Der Konjunktiv II wird vom Präteritum abgeleitet:
Ich war – ich wäre, er hatte – er hätte, sie kamen – sie kämen

1 Lies den Text.

Wir essen ein Fünf-Gänge-Menü in einem eleganten Restaurant.

Es kommt ein DJ zu uns und wir dürfen bis spät in die Nacht tanzen.

Unsere Theatergruppe spielt einen lustigen Sketch vor.

Wir legen ein Motto für den Abend fest und verkleiden uns.

2 **a.** Unterstreiche in den Aussagen der Schülerinnen und Schüler alle Verben.
b. Verwende bei jedem Verb die Personalform im Konjunktiv II. Schreibe die Sätze neu in dein Heft oder auf ein separates Blatt.
Tipp: Bilde zunächst die Personalform im Präteritum und leite den Konjunktiv II ab.

3 **a.** Setze im folgenden Text die Personalform des Verbs im Konjunktiv II ein.

Ich ______ (finden) es wunderbar, wenn wir ein Hausboot ______ (mieten).
So ______ (sein) es möglich, eine Wasserparty zu feiern. Mir ______ (gefallen) es außerdem, wenn wir tolle Musik dabei ______ (haben).
Es ______ (sein) schön, wenn wir sehr spät nach Hause zurück ______ (kommen).

b. An zwei Stellen hört sich der Konjunktiv II ungewöhnlich an. Dort kannst du eine Ersatzform mit **würde** verwenden. Schreibe die zwei Sätze neu mit der **würde**-Form in dein Heft.

4 Welche Wünsche hast du für deine Abschlussfeier? Schreibe passende Sätze in dein Heft und verwende dabei den Konjunktiv II oder die würde-Ersatzform. Nutze die Formulierungen im Wortspeicher.

Starthilfe

Ich würde mich freuen, wenn wir ein Gartenfest veranstalten könnten. Außerdem wäre es schön, wenn …

Ich würde mich freuen, wenn …
Es wäre schön, wenn …
Ich hätte gerne, dass …
Mir würde es gefallen, wenn …
Am liebsten …
Das Wichtigste wäre für mich …

Wortart Verb

1 Verbessere den Text.

a. In zwei Sätzen stimmen die Zeitformen der Verben nicht. Diese sind blau markiert. Schreibe die beiden Sätze vollständig und richtig auf.

Achtung: Fehler!

Überraschung bei der Abschlussfeier

Am vergangenen Samstag wurde in der Gemeindehalle der Abschlussabend des 10. Jahrgangs gefeiert. *Bis spät in die Nacht wurde zu Livemusik getanzt.* Alle Schüler/-innen und ihre Begleitpersonen erschienen dem Motto des Abends gemäß in festlicher Abendgarderobe. Nachdem man das Dinner servierte und nun die Gäste ein Drei-Gänge-Menü genossen, wurden mehrere Reden gehalten. Jahrgangssprecherin Jana Siedler blickt auf die vergangene Schulzeit zurück und erinnert an die Klassenfahrt im Mai nach Italien und an das Engagement vieler Schüler/-innen am Sozialen Tag. Es ist erfreulich, wie viele sich für andere eingesetzt haben, erklärte Jana in ihrer Rede.

Auch Frau Weber, eine der Elternvertreterinnen, lobte in ihrer Ansprache den Einsatz der Schülerinnen und Schüler. Sie hofft, dass sich ein solches Engagement auch im späteren Berufsleben zeigen wird, betonte Frau Weber.

Für eine Überraschung sorgte Henning Lorenz, der Sänger der Band „Five Seconds“. Bei dem gut besuchten Schulflohmarkt haben die Schüler/-innen des 10. Jahrgangs sehr viel Geld eingenommen, das sie für den Auftritt der Band verwendeten. Henning erklärte sich bereit, einen Teil des Geldes für einen guten Zweck **zu verwenden**.

/ 6 Punkte

b. Der zweite Satz des Textes enthält eine Wiederholung. Setze den kursiv gedruckten Satz ins Aktiv, um den Stil zu verbessern.

/ 4 Punkte

c. Ersetze das markierte Wort im letzten Satz des Textes durch ein Synonym. Schreibe den neuen Satz auf.

/ 4 Punkte

d. In den drei unterstrichenen Sätzen muss die indirekte Rede verwendet werden. Schreibe die Sätze richtig auf.

/ 12 Punkte

Gesamt: / 26 Punkte

Auswertung ► **Lösungsheft**

Die indirekte Rede im Konjunktiv

1 Schülerinnen und Schüler diskutieren auf dem Schulhof über den Flohmarkt der 10. Klassen. /7 Punkte

a. Die direkte Rede wird im Indikativ Präsens wiedergegeben. Unterstreiche die Verbformen im Indikativ Präsens.

„Die Einnahmen des Flohmarkts muss man für einen guten Zweck verwenden!" (Mirkan)

„Man kann unseren Einsatz als vorbildlich ansehen." (Anne)

„Es ist von allen gerne geholfen worden und ich bin mit dem Ergebnis sehr zufrieden!" (Louis)

„Vielleicht wird für unseren Jahrgang auch ein solcher Flohmarkt veranstaltet." (Nesrin)

„Die Idee, die Einnahmen für einen Bandauftritt zu verwenden, gefällt mir gut." (Leon)

„Den Flohmarkt hat sogar mancher Schüler / manche Schülerin aus der Nachbarschule besucht." (Tom)

b. Formuliere die Aussagen in indirekte Rede um. Verwende Konjunktiv-I-Formen. /12 Punkte

Mirkan meint, die Einnahmen ______

Anne sagt, man ______

Louis ergänzt, es ______

Nesrin sagt, vielleicht ______

Leon meint, die Idee, die Einnahmen für einen Bandauftritt zu verwenden,

______

Tom ergänzt, sogar mancher Schüler / manche Schülerin

______

2 Bilde zu den Verben in Klammern die Form im Konjunktiv und ergänze die Lücken. Bei drei Verbformen unterscheidet sich der Konjunktiv I nicht vom Indikativ Präteritum. Verwende hier die Konjunktiv II-Form. /10 Punkte

Mirkan sagt, die Einnahmen des Flohmarkts ______ (müssen) für einen guten Zweck verwendet werden. Anne meint, sie ______ (finden) den Einsatz der Schülerinnen und Schüler vorbildlich. Louis ergänzt, er ______ (haben) gerne geholfen. Nesrin überlegt, ob sie auch einen Flohmarkt veranstalten ______ (sollen). Tom ergänzt, sogar viele Schülerinnen und Schüler der Nachbarschule ______ (haben) den Flohmarkt besucht.

Gesamt: /29 Punkte

Auswertung ► **Lösungsheft**

Der Satz

Die Satzglieder wiederholen

Mit diesen Aufgaben wiederholst du die Satzglieder.

1 **a.** Führe mit diesem Satz die Umstellprobe durch. Schreibe drei Sätze auf.

Morgen Abend besucht mich mein Freund.

Mein Freund

b. Wozu dient die Umstellprobe? Tausche dich aus und notiere einen Satz.

2 Ordne den Satzgliedern in der Tabelle die Fragen vom Rand zu.

Satzglied	**Fragen**	**Abkürzung**
Prädikat	*Was tut ...?*	Präd.
Subjekt		Subj.
Akkusativobjekt		Akk.-Obj.
Dativobjekt		Dat.-Obj.
Präpositionalobjekt		Präp.-Obj.
Attribut		Attr.
Adverbiale Bestimmungen (Adverbiale) ...		AdvB
... des Ortes (Lokaladverbiale)		AdvB/O
... der Zeit (Temporaladverbiale)		AdvB/Z
... der Art und Weise (Modaladverbiale)		AdvB/AW
... des Grundes (Kausaladverbiale)		AdvB/G

Fragen:
~~Was tut?~~
Wo?, Woher?, Wohin?
Wer oder was?
Wann?, Wie lange?, Seit wann?
Warum?, Weshalb?
Wem?
Worauf?, Womit?, Wonach?
Wen oder was?
Welche?, Welcher?
Wie?

3 **a.** Rahme alle Satzglieder ein. Markiere Attribute zusätzlich.

b. Bestimme die Satzglieder. Verwende die Abkürzungen aus der Tabelle.

Am Mittwochmorgen will eine größere Gruppe süddeutscher Jugendlicher am Bahnhof in die S-Bahn einsteigen. Sie möchten zusammenbleiben. Deshalb steuern alle dieselbe Tür an. Über Lautsprecher ertönt der Rat des Fahrers: „Das ist hier doch kein Adventskalender. Man kann ruhig alle Türen aufmachen."

Starthilfe

Am Mittwochmorgen: AdvB/Z
will: Präd.
eine größere Gruppe: Subj.
größere: Attr.
süddeutscher Jugendlicher: Attr.

Subjektsätze und Objektsätze

Merkwissen

Subjekte können aus einem Wort, einer Wortgruppe oder einem Satz bestehen; der Satz heißt Subjektsatz.
Wer zu spät kam, bekam keinen Platz mehr.
– Wer oder was bekam keinen Platz mehr?
Dass er so früh eintraf, überraschte mich.
– Wer oder was überraschte mich?
Objekte können aus einem Wort, einer Wortgruppe oder einem Satz bestehen. Wenn ein Nebensatz die Rolle des Objektes einnimmt, heißt er Objektsatz. Objektsätze werden oft durch die Konjunktionen **dass** oder **ob** eingeleitet und können wie die Objekte erfragt werden.
Leonie fragte ihren Bruder, **ob er sich die Wohnung leisten könne.** – Was fragte Leonie ihren Bruder?

1 Lies den Text.

Mutige Menschen

Zu den Personen, die in Christian Nürnbergers Buch über mutige Menschen vorgestellt werden, gehört auch Martin Luther. Als er 1483 geboren wurde, schrieb man seinen Namen noch unterschiedlich. So wusste er nicht, ob er Luder, Lutter, Lüder oder gar Lauther geschrieben werden sollte. Erst 1512 legte er fest, dass er Luther genannt werden wollte. 1498 schickten ihn die Eltern auf das Franziskanerstift Eisenach, wo er eine musikalisch-poetische Ausbildung erhielt. Als er 18 Jahre alt war, begann er sein Studium an der Universität Erfurt. Wer in dieser Zeit studieren wollte, musste recht wohlhabende Eltern haben. Sein Vater hatte sich einen bescheidenen Wohlstand erworben, da er als Hüttenmeister im Kupferschieferbergbau in Mansfeld arbeitete. Auf dem Fußmarsch von Mansfeld nach Erfurt geriet er in eine gefährliche Situation, indem er von einem schweren Gewitter überrascht wurde. Voller Angst gelobte er sein Leben Gott zu weihen und Mönch zu werden, wenn ihn Gott aus dieser Situation retten möge. Was er an diesem Tag erlebte, hatte auf sein weiteres Leben einen entscheidenden Einfluss.

2 Welches Ereignis führte dazu, dass Martin Luther Mönch wurde? Schreibe einen Satz auf.

3 Im Text sind vier Nebensätze unterstrichen. Zwei davon sind Subjektsätze und zwei sind Objektsätze.

a. Notiere die beiden Subjektsätze. Frage nach dem Nebensatz mit **Wer oder was?**

Starthilfe
Wer in dieser Zeit …

b. Notiere die beiden Objektsätze. Frage nach dem Nebensatz mit **Wen oder was?**

Adverbialsätze verwenden

Merkwissen

Ein Nebensatz in der Rolle einer adverbialen Bestimmung ist ein Adverbialsatz.
Adverbialsätze mit **weil** (Kausalsatz) geben den Grund an.
Martin Luther wurde Mönch, weil er ein Versprechen gegeben hat.
Adverbialsätze mit **als** oder **nachdem** (Temporalsatz) geben die Zeit an.
Nachdem er ein besonderes Erlebnis hatte, war sein Leben total verändert.
Adverbialsätze mit **wenn** oder **als** geben eine Bedingung (Konditionalsatz) an.
Wenn er das Erlebnis nicht gehabt hätte, wäre vielleicht alles anders verlaufen.
Adverbialsätze mit **indem** geben die Art und Weise (Modalsätze) an.
Martin Luthers Eltern unterstützten ihn, indem sie ihm eine gute Erziehung ermöglichten.
Adverbialsätze mit **wo** geben den Ort an (Lokalsatz).
Martin Luthers Erlebnis fand an einem Ort statt, an dem er der Natur ganz ausgeliefert war.

1 **a.** Sieh dir noch einmal den Text auf Seite 96 an. Im Text sind die fünf Nebensätze markiert, die die Rolle von Adverbialsätzen haben.
b. Schreibe die Nebensätze zu den passenden Fragewörtern.

A Wo? Wohin? ____

B Wann? Zu welcher Zeit? ____

C Unter welcher Bedingung? ____

D Warum? Weshalb? ____

____

E Auf welche Weise? Wie? ____

Satzgefüge mit Adverbialsätzen sind lesefreundlich. In Sach- und Fachtexten werden häufig aber auch die kürzeren adverbialen Bestimmungen verwendet, die etwas schwerer zu verstehen sind.

2 Die Adverbialsätze aus dem Text von Seite 96 könnte man auch als adverbiale Bestimmungen wiedergeben.
Ordne die passenden adverbialen Bestimmungen den Nebensätzen aus Aufgabe 1 zu.
Schreibe die adverbialen Bestimmungen mit Fragewort auf.

in seinem Geburtsjahr 1483 zur musikalisch-poetischen Ausbildung
durch seine Arbeit als Hüttenmeister im Kupferschieferbergbau in Mansfeld
von einem schweren Gewitter überrascht werdend
im Fall einer Rettung aus dieser Situation

A ____

B ____

C ____

D ____

E ____

Adverbialsätze mit **weil** (Kausalsatz) geben den Grund an.

Bertha von Suttner war ebenfalls eine mutige Person.

3 **a.** Wähle für diese Aussage eine Begründung vom Rand aus.
b. Schreibe ein Satzgefüge mit einem Kausalsatz und einer passenden Konjunktion auf.

Bertha von Suttner war ______

______

Sie hat sich getraut selbstbewusst aufzutreten.
In ihrer Zeit war es ungewöhnlich sich als Frau politisch zu engagieren.

Adverbialsätze mit **als** oder **nachdem** (Temporalsatz) geben die Zeit an.

4 **a.** Lies die beiden Sätze. Was geschieht zuerst, was danach?
b. Bilde aus dem Satzpaar ein Satzgefüge und schreibe es auf.
Tipp: Verwende passende Konjunktionen vom Rand.

- Bertha von Suttner hat sich mit dem Roman „Die Waffen nieder" gegen den Krieg ausgesprochen.
- Sie bekam 1905 den Friedensnobelpreis.

______

______

als
bevor
nachdem
seitdem

Konditionalsätze mit **wenn** oder **falls** geben eine Bedingung an, Modalsätze mit **indem** geben die Art und Weise an.

5 **a.** Lies die zwei Satzpaare A und B.

A Bertha wäre nicht so eine berühmte Person der Geschichte geworden. Ihre Mutter verspielte das Erbe des Vaters in Kasinos.
B Bertha muss sich vom angenehmen Leben des Hochadels verabschieden. Sie nimmt eine Stelle als Erzieherin an.

wenn
falls
indem

b. Welcher Satz gibt eine Bedingung an? Markiere ihn rot.
c. Welcher Satz gibt die Art und Weise eines Geschehens an? Markiere ihn grün.
d. Bilde aus jedem Satzpaar ein Satzgefüge und schreibe es in dein Heft.
e. Markiere in deinen Satzgefügen den Konditionalsatz rot und den Modalsatz grün.

Lokalsätze mit **wo** geben den Ort an.

6 **a.** Welcher Lokalsatz könnte den Satzanfang ergänzen? Wähle einen passenden aus der Randspalte aus und schreibe ihn auf.

Bertha von Suttner wurde in Prag geboren, ______

______

Bertha nimmt 1873 eine Stelle in Wien an, ______

______

, wo sie als Erzieherin der vier Töchter des Freiherrn von Suttner arbeitet.
, wo sie als Gräfin Kinsky von Chinic und Tettau zu den vornehmsten Adelsfamilien Böhmens gehörte.

b. Unterstreiche die Konjunktion in den beiden Nebensätzen.

Relativsätze verwenden

Merkwissen

Relativsätze sind Nebensätze, die sich meist auf ein vorangehendes Nomen beziehen.
Du trennst sie immer vom Hauptsatz durch ein Komma und leitest sie durch ein Relativpronomen (z. B. **der**, **die**, das) ein.
Relativpronomen können in verschiedenen Fällen stehen, z. B.:
Das ist **die Person, der** du vertrauen kannst. (Dativ)
Hier ist **der Text, den** wir bis morgen lesen sollen. (Akkusativ)

1 **a.** Ergänze in den Sätzen passende Relativpronomen vom Rand.
b. Markiere in jedem Satz das Nomen, auf das sich das Relativpronomen bezieht.

der, die, das, den, dem, dessen, denen, deren

Der Vater von Bertha von Suttner, ______ schon vor ihrer Geburt gestorben war, hatte einen militärischen Beruf.

Ihre Mutter, von ______ sie keine Unterstützung mehr bekam, hatte in kurzer Zeit alles Geld der Familie verspielt.

Bertha, ______ Lehrkräfte sehr zufrieden mit ihr waren, war sehr wissbegierig.

So konnte sie eine Stellung im Haus des Freiherrn von Suttner annehmen, ______ vier Töchter sie unterrichten sollte.

2 **a.** Lies den Text.

Bertha verliebt sich in den Sohn Arthur. Er ist sieben Jahre jünger als sie.
Gemeinsam mit ihm flieht Bertha zu einer befreundeten Fürstin in den Kaukasus. Bei ihr heiratet sie ihn 1875 heimlich.
Arthur kann Bertha kein sorgloses Leben bieten. Seine Eltern haben ihn wegen der Heirat mit ihr enterbt.
Neun Jahre lang lebt das Paar vom Schreiben von Romanen und Übersetzungen. Sie sind geprägt von sehr schwierigen finanziellen Verhältnissen.

b. Auf welches Nomen aus dem ersten Satz bezieht sich der Satz dahinter? Markiere im ersten Satz jedes Satzpaares das entsprechende Wort.
c. Bilde Satzgefüge aus den Satzpaaren. Formuliere dazu jeweils aus dem zweiten Satz einen Relativsatz. Schreibe in dein Heft oder auf ein Extrablatt.
Tipp: Manchmal musst du den Relativsatz in den Hauptsatz einschieben. Dann benötigst du zwei Kommas.

3 Ergänze in den folgenden Sätzen jeweils einen Relativsatz.

Der Film, ______, hat mir gut gefallen.

Über die Schulferien, ______, erzähle ich dir nachher mehr.

Ein Freund /Eine Freundin von mir, ______, war am Wochenende zu Besuch.

Infinitivsätze verwenden

Merkwissen

Infinitivgruppen können an die Stelle von Nebensätzen treten. Nicht immer beginnen Infinitivgruppen mit einem Signalwort wie **um, ohne, anstatt.**
Sie werden mit Kommas vom Hauptsatz abgetrennt.
Die U-Bahn-Drücker werden eingesetzt, **um** die Pünktlichkeit der U-Bahn **zu** gewährleisten.
Sie drücken die Menschen in den U-Bahnwagen, **anstatt** sie selbst machen **zu** lassen.
Die Fahrgäste lassen sich das gefallen, **ohne** sich dagegen **zu** wehren.

Es gibt sehr ungewöhnliche Berufe, z.B. den der sogenannten „U-Bahn-Drücker" in Japan.

1 **a.** Unterstreiche die Infinitivgruppen in den Sätzen A bis D.
b. Markiere jeweils das Verb im Infinitiv und das Einleitewort, wenn es eins gibt.

A Die U-Bahn befördert in Japan eine große Zahl an Fahrgästen, ohne viele Verspätungen zu haben.
B Es wird vom Bahnpersonal alles getan, um den Ablauf schnell und reibungslos zu gestalten.
C Auf den vollen Bahnsteigen weisen Metroangestellte den Pendlern den Weg in die Waggons, anstatt alles dem Zufall zu überlassen.
D Sogenannte Oshiyas (Drücker) versuchen mit den Händen, eine optimale Raumausnutzung in den Waggons zu erreichen.

2 **a.** Stelle die Sätze B und C aus Aufgabe 1 so um, dass die Infinitivsätze vorne stehen.
b. Markiere im Infinitivsatz jeweils den Infinitiv und das Komma.

B ______________________________

____

C ______________________________

____

3 Ersetze in den Satzgefügen die Nebensätze durch passende Wortgruppen mit Infinitiven. Nutze die Einleitewörter aus der Randspalte. Ein Einleitewort passt nicht.

um zu
anstatt zu
ohne zu

Der Warm-upper „wärmt" das Publikum einer Sendung auf, damit es zum fleißigen Applaudieren bewegt wird.

____

____

Weil die Produzentin den Applaus nicht dem Zufall überlassen will, macht der Warm-upper auf die Applaus-Momente aufmerksam.

____

____

4 Formuliere die Sätze mit den Infinitivgruppen aus Aufgabe 1 zu Satzgefügen um. Finde geeignete Konjunktionen und schreibe die Satzgefüge in dein Heft.

Das Satzgefüge

Mit Satzgefügen kann man Aussagen verknüpfen.
Ein Satzgefüge besteht aus einem Hauptsatz und mindestens einem Nebensatz.
Der Nebensatz kann nicht allein stehen. Die gebeugte Verbform steht im Nebensatz an letzter Stelle.
Nebensätze kann man mit Konjunktionen (z. B. weil, dass, während) einleiten. Sie können vor oder nach dem Hauptsatz stehen.
Der Nebensatz und der Hauptsatz werden durch ein Komma getrennt.
Kochen ist Dogans Hobby, weil er gerne isst.
Während er die Suppe rührt, klingelt sein Telefon.

1 Lies den Text.

Bevor ich die erste Kochshow gesehen hatte, dachte ich, anderen beim Kochen zuschauen sei langweilig.
Jetzt bin ich ein großer Fan von Kochsendungen, weil ich richtig Spaß dabei habe.
Nachdem ich selbst angefangen habe zu kochen, kann ich bei den Kochthemen mitreden.
Oft bekomme ich beim Zuschauen gute Tipps für meine eigenen Gerichte, sodass ich sie gleich nachkoche.

2 Markiere in den Nebensätzen die Konjunktionen und die gebeugte Verbform.
An welcher Stelle steht das Verb im Nebensatz immer? Schreibe einen Satz.

3 **a.** In zwei Sätzen wird eine zeitliche Abfolge dargestellt. Schreibe die Sätze ab.

b. Temporalsätze in Satzgefügen geben zeitliche Abläufe wieder. Ordne die Hauptsätze aus der Randspalte in die Tabelle ein.

Ich sehe die erste Kochshow.
Ich kann bei Kochthemen mitreden.
Ich fange selbst an zu kochen.
Ich finde anderen beim Kochen zuschauen langweilig.

Was ist früher passiert?	Was passiert jetzt?

c. Unterstreiche in den Sätzen in der Tabelle die Verbformen. An welcher Stelle steht das Verb im Hauptsatz immer? Schreibe einen Satz auf.

4 Unterstreiche die Zeitformen der Verben. Wähle die passenden Zeiten aus der Randspalte aus und notiere sie auf der Schreibzeile.

Präsens
Präteritum
Perfekt
Plusquamperfekt

Nachdem ich selbst angefangen habe zu kochen, kann ich bei den Kochthemen mitreden.

Subjektsatz, Objektsatz und Adverbialsatz

1 **a.** Formuliere die folgenden Aussagen zu dass-Sätzen um. Setze die Kommas.
b. Markiere Subjektsätze gelb und Objektsätze grün.

/8 Punkte

Viele Menschen bezweifeln die Existenz eines Jobs mit der Bezeichnung „Golfballtaucher".

Viele Menschen bezweifeln, dass ____________________

Aber das Bergen von fehlgeschlagenen Bällen aus den Gewässern eines Golfplatzes ist notwendig.

Aber es ist notwendig ____________________

Das Arbeiten eines Tauchers auf dem Grund des Gewässers erkennt man an Bläschen auf der Oberfläche.

An Bläschen ____________________

Die Beachtung von Vorsichtsregeln auch durch Golfballtaucher versteht sich von selbst.

/8 Punkte

Dass ____________________

2 Welche Funktion haben **dass**-Sätze?
Wähle den passenden Begriff aus der Randspalte aus und schreibe ihn auf.

Adjektive
Nebensätze
Nominalisierungen
Nomen

Durch die Bildung von **dass**-Sätzen kann man ____________ vermeiden.

/ 2 Punkte

3 **a.** Setze in die Lücken jeweils eine passende Konjunktion aus der Randspalte ein.
b. Unterstreiche die Adverbialsätze und markiere alle Personalformen der Verben in den Adverbialsätzen.

Fensterputzer im Haifischbecken

____________ (*Kausalsatz*) die Fensterflächen in einem Haifischbecken von Muscheln und Algen zugesetzt werden, müssen sie regelmäßig gereinigt werden. ____________ (*Temporalsatz*) es so weit ist, steigen Fensterputzer in das Bassin, um die Scheiben zu säubern. Dabei gehen sie sehr vorsichtig vor. ____________ (*Temporalsatz*) der eine putzt, beobachtet der andere die Haie. Die Taucher mit ihrer schweren Ausrüstung müssen sehr wachsam sein, ____________ (*Kausalsatz*) die Haie sehr viel wendiger als sie selbst sind. Die Tiere kommen den Menschen manchmal recht nah. Sie wollen ihre Neugier befriedigen, ____________ (*Modalsatz*) sie die Menschen aufspüren. Um die Gefahr zu verringern, werden die Tiere gefüttert, ____________ (*Temporalsatz*) die Putzer mit der Reinigung der Scheiben beginnen. Für Notfälle hat jede/r „Haifischbecken-Fensterputzer" einen Stock, mit dem er die Meeresräuber abwehren kann.

/6 Punkte

/ 12 Punkte

da
weil
während
bevor
indem
sobald

Gesamt: /36 Punkte

Auswertung ► Lösungsheft

Relativsätze und Infinitivsätze

1 Bei der folgenden Berufsbeschreibung erschweren zu lange Attribute die Lesbarkeit.

a. Forme die unterstrichenen Attribute in Relativsätze um. Schreibe die vollständigen Sätze auf.

Tipp: Ein Attribut erklärt ein Nomen näher.

/9 Punkte

b. Prüfe deine Sätze: Markiere die Relativpronomen und setze die nötigen Kommas.

/6 Punkte

Hüter der Kokosnüsse

Durch von Bäumen herabfallende Kokosnüsse sterben jährlich mehr Menschen, als man denkt. Daher gibt es die Aufgabe des „Kokosnusshüters".
Bei diesem Beruf handelt es sich um einen Menschen buchstäblich auf die Palme bringenden Job. Kokosnusshüter klettern nämlich täglich mehrmals auf die dicht mit reifen Früchten behängten Palmen. Sie ernten die Kokosnüsse und verhindern so, dass jemand zu Schaden kommt.

Durch Kokosnüsse, die

Bei diesem Beruf handelt es sich um einen Job

Kokosnusshüter klettern nämlich täglich mehrmals auf Palmen

2 Formuliere kürzer: Wandle jeweils den Relativsatz in ein Attribut um. Schreibe die Sätze auf.
Kokosnusshüter, die aufmerksam sind, sorgen dafür, dass niemand verletzt wird.
Die Kokosnüsse, die reif sind, werden nämlich von den Aufpassern geerntet, bevor sie herunterfallen können.

/4 Punkte

3 Bilde Satzgefüge mit Infinitivsätzen.
Wähle aus der Randspalte ein passendes Einleitewort für den Infinitiv mit **zu** aus.

um zu
ohne zu
anstatt zu

Die Kokoshüter sind sehr aufmerksam. Sie wollen die Menschen schützen.

Sie holen die Kokosnüsse von den Bäumen. Sie warten nicht auf das Herunterfallen.

/4 Punkte

Gesamt: /23 Punkte

Auswertung ► **Lösungsheft**

Das Arbeitsheft wurde erarbeitet auf der Grundlage der Ausgaben von Renate Krull, Viola Oehme, Andrea Wagener (Herausgeberinnen) und Werner Bentin, Martin Plieninger (Herausgeber) sowie Grit Adam, Angela Adhikari, Anja Ballis, Rebekka Bauer, Werner Bentin, Kathleen Breitkopf, Ulrich Deters, Friedrich Dick, Agnes Fulde, Ronny Geerken, Sandra Heidmann-Weiß, Dirk Hergestell, Gesine Jordan, Nadja Kadel, Renate Krull, Marianna Lichtenstein, Iris Marko, Gabriele Neie, Nicole Neumann, Viola Oehme, Martin Plieninger, Toka-Lena Rusnok, Petra Schön, Matthias Scholz, Rainer Schremp, Isabel Tebarth, Renate Teepe, Antje Viohl, Britta Wurst-Falck.

Redaktion: Karin Unfried
Umschlaggestaltung: Buchgestaltung +, Berlin, Zweiband.media, Berlin
Umschlagillustration: Natascha Römer, Römer & Osadtschij GbR, Schwäbisch Gmünd
Layoutkonzept: Wladimir Perlin (MeGA 14), Berlin
Technische Umsetzung: Straive

Textquellen
Christoph Seidler: Russen bohren Riesensee unter dem ewigen Eis an* (S. 5f.). In: SPIEGEL.de vom 07.12.2012; https://www.spiegel.de/wissenschaft/natur/antarktis-russen-bohren-riesensee-unter-dem-ewigen-eis-an-a-813862.html [20.12.2021]. Wimmelndes Leben im antarktischen Lake Vostok* (S. 6 f.). In: scinexx, Wissenschaftszeitschrift online, 09.07.2013; https://www.scinexx.de/news/biowissen/wimmelndes-leben-im-antarktischen-lake-vostok/ [13.12.21]. **Alexandra Klockau:** Weltweit erwärmen sich die Permafrostböden* (S. 11). In: BR24, 16.01.2019; https://www.br.de/nachrichten/wissen/weltweit-erwaermen-sich-die-permafrostboeden,RFJnpeW [13.12.21]. **Volker Thomas:** Jens und das Internet der Dinge (S. 22), Presse & PR, Agentur für Text und Gestaltung. Originalbeitrag. Junge Menschen sollten sich nicht vor ihrer Volljährigkeit tätowieren lassen* (Material 1, S. 34), Nach: Junge Menschen sollten sich nicht vor ihrer Volljährigkeit tätowieren lassen: www.kinderaerzte-im-netz.de [13.12.21]. In Deutschland sind schätzungsweise acht bis zehn Millionen Menschen tätowiert*. (Material 2, S. 34), ebd. Und später?* (Material 3, S. 35). Nach: ebd. Fast jeder vierte 16- bis 29-Jährige hat ein Tattoo, fast der Hälfte aller 16- bis 29-Jährigen gefallen Tattoos (Schaubild 1, S. 35). Nach: IfD Allensbach /Allensbacher Archiv, IfD-Umfrage 11024. **Max Bolliger:** Der Hund (S. 42 f.). In: Aufsatz (Inhaltsangabe), 7. - 9. Klasse, Hrsg. v. Gerhard Widmann, Hauschka Verlag, München 1987, S. 7-10. **Theodor Storm:** Die Stadt (S. 51). In: Sämtliche Werke in vier Bänden. Aufbau Verlag, Berlin 1978, S. 112. **Janne Teller:** Pierre Anthon verließ ... *(S. 56 f., 1. Ausschnitt). Aus: Nichts. Was im Leben wichtig ist. Aus dem Dänischen von Sigrid Engeler. München: Carl Hanser 2010, S. 8 ff. **Janne Teller:** Wir lebten in Taering *(S. 58 f., 2. Ausschnitt). Aus: Nichts. Was im Leben wichtig ist. Aus dem Dänischen von Sigrid Engeler. München: Carl Hanser 2010, S. 8 ff. **Lisa Feldmann und Andreas Lebert:** Kann man Willensstärke trainieren? Interview mit Reinhold Messner* (S. 68). Aus: ZEIT Wissen Nr. 3, 17. April 2018; https://www.zeit.de/zeit-wissen/2018/03/reinhold-messner-bergsteiger-willensstaerketraining-durchhaltevermoegen [13.12.2021]. **Judith Schalansky:** Dann ging alles sehr schnell ...* (S. 74). Aus: Der Hals der Giraffe. Suhrkamp Verlag, Berlin 2011, S. 55. **Johann Peter Hebel:** Der kluge Richter (S. 85). Aus: Nationale Forschungs- und Gedenkstätte der klassischen Deutschen Literatur in Weimar (Hrsg.): Hebels Werke in einem Band. Ausgewählt und eingeleitet von Dieter Pilling. Aufbau-Verlag, Berlin/Weimar 1975, S. 105. Texte zu Martin Luther und Bertha von Suttner* (S. 96-99). Nach: Nürnberger, Christian: Mutige Menschen - für Frieden, Freiheit und Menschenrechte. Gabriel Verlag, Stuttgart/Wien 2008/2014, S. 81 ff. u. S. 221 ff.
Die mit * gekennzeichneten Texte sind aus didaktischen Gründen gekürzt und/oder vereinfacht.

Bildquellen
5 imago Stock & People/ZUMA Wire/Sebastian Grote; **6 ob.** Science Photo Library/NASA/RADARSAT/CANADIAN SPACE AGENCY; **un.** Der Spiegel; **11 ob.** dpa picture alliance/Martin Grimm; **11 un.** shutterstock.com/ReedONEZ; **14** mauritius images/alamy stock photo/Ken Howard; **16 ob.** stock.adobe.com/pholidito; **un.** mauritius images/Pitopia; **20** mauritius images/ alamy stock photo/Sheryl Savas; **22** mauritius images/Science Photo Library; **25** stock.adobe.com/didesign; **27** stock.adobe.com/picsfive; **29** stock.adobe.com/WavebreakmediaMicro; **34** stock.adobe.com/Franz Pfluegl; **35** stock.adobe.com/Sergio Martínez; **52** dpa picture-alliance/Carsten Rehder; **62** stock.adobe.com/T.W. van Urk/Kruwt; **66** stock.adobe.com/Diego Cervo; **69** mauritius images/Westend61; **70** imago Stock & People/Westend61; **72** akg-images; **76** mauritius images/alamy stock photo/Alex Segre; **78** stock.adobe.com/vitaly_melnik; **80** akg-images; **82** Panther Media GmbH/Diego Cervo; **86** shutterstock.com/Prostock-studio; **88** stock.adobe.com/Zerbor; **90** Shutterstock.com/aliaksei kruhlenia; **91** stock.adobe.com/DragonTiger8; **92** stock.adobe.com/Jacob Lund; **96** akg-images/Quagga Media UG; **99** Interfoto e.k./Sammlung Rauch; **100** mauritius images/Rafael Macia

Illustrationen
Dorina Tessmann, Berlin: S. 42, 43, 44. **Rüdiger Trebels, Düsseldorf:** S. 15. **Carsten Märtin, Oldenburg:** S. 62, 63, 65, 66, 68, 69, 70, 71, 73 (Rechtschreibsymbole). **Ulrike Selders, Köln:** S. 24, 40.

weitere Bestandteile für Schülerinnen und Schüler zu Doppel-Klick 10:
Schülerbuch 978-3-06-060732-7
Schülerbuch als E-Book 978-3-06-060745-7

www.cornelsen.de

Soweit in diesem Lehrwerk Personen fotografisch abgebildet sind und ihnen von der Redaktion fiktive Namen, Berufe, Dialoge und Ähnliches zugeordnet oder diese Personen in bestimmte Kontexte gesetzt werden, dienen diese Zuordnungen und Darstellungen ausschließlich der Veranschaulichung und dem besseren Verständnis des Inhalts.

Dieses Werk berücksichtigt die Regeln der reformierten Rechtschreibung und Zeichensetzung.
Bei den mit [R] gekennzeichneten Texten haben die Rechteinhaber einer Anpassung widersprochen.

1. Auflage, 1. Druck 2022

Alle Drucke dieser Auflage sind inhaltlich unverändert und können im Unterricht nebeneinander verwendet werden.

Druck: Athesiadruck GmbH

ISBN 978-3-06-060742-6